应急管理“十四五”系列教材

城市公共安全与应急管理案例教程

曹明　施炜／主编

中国矿业大学出版社
·徐州·

图书在版编目(CIP)数据

城市公共安全与应急管理案例教程 / 曹明，施炜主编. —徐州 ：中国矿业大学出版社，2021.12

ISBN 978-7-5646-5062-9

Ⅰ. ①城… Ⅱ. ①曹… ②施… Ⅲ. ①城市—公共安全—安全管理—教材②城市—公共管理—危机管理—教材 Ⅳ. ①D035.29

中国版本图书馆 CIP 数据核字(2021)第 129728 号

书　　名 城市公共安全与应急管理案例教程
Chengshi Gonggong Anquan yu Yingji Guanli Anli Jiaocheng
主　　编 曹　明　施　炜
责任编辑 姜　翠
出版发行 中国矿业大学出版社有限责任公司
(江苏省徐州市解放南路　邮编 221008)
营销热线 (0516)83885370　83884103
出版服务 (0516)83995789　83884920
网　　址 http://www.cumtp.com　**E-mail**:cumtpvip@cumtp.com
印　　刷 广东虎彩云印刷有限公司
开　　本 710 mm×1000 mm　1/16　**印张** 11　**字数** 204 千字
版次印次 2021 年 12 月第 1 版　2021 年 12 月第 1 次印刷
定　　价 42.00 元

前　言

安全是人类永恒的目标，维护公共安全是政府的应有之责。习近平总书记强调“公共安全是最基本的民生”，要“自觉把维护公共安全放在维护最广大人民根本利益中来认识”。发展伴随着风险，正如乌尔里希·贝克所描述的那样，在工业社会以后，人类已经进入一个以风险为本质特征的风险社会。在推进我国工业化和城市化的进程中，城市公共安全面临的各类风险与日俱增，城市公共安全治理面临着严峻的挑战。

城市公共安全涉及的范围很广，按照不同的分类标准，阐述的内容也各不相同。对于城市中的每一个居民来说，公共风险与其生产生活息息相关。从这一视角来看，城市公共安全主要内容包括城市自然安全、城市生态安全、城市公共卫生安全、城市食品安全、城市交通安全、城市基础设施安全、城市社会安全以及城市信息安全等八个方面。

本书的基本架构正是围绕上述八个方面展开的。第一章概述了本书所涉及的基本概念和主要理论，浅析了我国城市公共安全面临的形势。在随后的八章中，分别针对上述八个方面的城市公共安全事件，选取近年来典型案例，并给出较为细致的案例资料描述和案例教学过程分析。案例资料部分从事件背景、事件始末等方面整理了相关资料，以使读者可以较为全面地获取事件信息；案例教学参考部分则分别从教学目标、课前准备、案例导入、要点分析、课堂组织、延伸思考等方面给出了较为系统的设计，仅供教学使用者参考。

案例教学可使学生获得更具有操作性的处境化知识，在提升学生的管理思维能力、沟通协调能力、判断决策能力、反应应变能力等方面起着重要作用。联合国教科文组织在全球范围内的相关调查表明，案例教学可以有效地培养学生的分析能力，在各种教学方法中较受欢迎。使用案例教学方法不仅对于教师的教学能力有着更高的要求，同时对于成熟案例的选择也尤为重要，本书的编写目的之一亦在于此。

本书是在前期“公共安全管理”课程案例教学中积累的教学资源基础上完成的，是中国矿业大学应急管理“十四五”系列教材之一，得到了江苏省公共安全创新研究中心、中国城市公共安全管理智库的大力支持。第一章由曹明、严昶完成；第二章、第九章由刘瑶完成；第三章、第五章、第七章由施炜、谷世佳完成；第四章由刘婉玉完成；第六章由严昶完成；第八章由杨浩卿完成。曹明、施炜负责全书统稿、审定工作。

随着工业化、城市化的推进，城市公共安全与应急管理面临日益严峻的挑战。大量的城市公共安全事件为我们提供了丰富的研究样本，本书的内容只是沧海一粟。鉴于编者水平有限，加之时间仓促，书中疏漏恳请读者批评指正。

编　者

二〇二一年春于徐州

目　录

1

第一章

城市公共安全与应急管理概述

一、城市公共安全的概念与范畴

（一）安全

从古至今，各种自然因素或者人为因素导致的安全问题与人类社会的发展息息相关，安全一直是人类追求的重要目标之一。

在旧石器时代，原始人群利用天然的岩洞作为居住之地。通常，岩洞具有地势高、洞口小等特点，这在很大程度上帮助了原始人应对各种恶劣环境以及野兽的侵袭。《周易·系辞下》曰："上古穴居而野处，后世圣人易之以宫室，上栋下宇，以待风雨。"由此可知，原始社会的人们已经懂得如何寻求安全的住所，且萌生了安全的意识。《申鉴·杂言》有言，进忠有三术："一曰防，二曰救，三曰戒。先其未然谓之防，发而止之谓之救，行而责之谓之戒。防为上，救次之，戒为下。"

无危为安，无损为全。安全意味着没有危险，即主体不处于危险的状态。安全是在人类生产、生活过程中，将系统的运行状态对人类的生命、财产、环境可能产生的损害控制在人类不感觉不舒适的水平以下的状态。

安全是免除了不可接受的风险的状态①。不可能有绝对安全，安全是相对的，风险是绝对的。因此，只可能有相对安全，绝对安全是一种理想状态。经济、技术的先进性是逐步发展的，人们不能跨越历史条件，但人们完全有可能无限趋近绝对安全、本质安全。随着对安全问题研究的不断深入，人们对安全的概念有了更深的认识，开始从不同角度理解安全的定义。

第一，安全是指客观事物的危险程度能够为人们普遍接受的状态。安全具有相对性，安全与危险之间存在辩证关系。当危险程度降低至某个程度，在人们的接受范围内，那么危险的即变为安全的。

第二，安全是指没有引起死亡、伤害、职业病或财产损失、设备损坏、环境危害等的条件。该定义从对人身安全的关注扩展到关注职业病、财产损失或设备损坏，直至关注环境危害，体现了人们对安全问题认识进化的全过程，也从一个角度说明了人类对安全问题研究的不断扩展。

第三，安全是指不因人、机、媒介的相互作用而导致系统损失、人员伤害、任务受影响或造成时间的损失。

为了进一步理解安全的概念，学者们开始从以下几个方面来进行分析：

---

① 贾名清，方琳．管理学[M]．南京：东南大学出版社，2012.

第一，安全，指没有危险、尽善尽美的传统安全观念。顾名思义，安全是指“无危为安，无损为全”“无危是安，不缺是全”，即没有危险且十全十美。此种观念尽管与人类传统的安全观念相吻合，但客观上绝对没有危险且十全十美的事物或状态是不存在的。因此，此种认知反映了人们对某种安全理想状态的美好追求。

第二，安全，指人们的生命及财产在没有受到威胁或损失的情况下，能够得以正常、有序地生存或发展的状态。具体而言，所谓安全，不仅指人或物等所在的相关系统不因外在因素而遭受伤害或损失的状态，而且指某种物质系统的动态运动过程。该过程运动的目的，在于使前者免于遭受伤害或损害。不仅如此，安全还可表述为人们关于人和物不会受到伤害和损失的理想状态的某种理念。

第三，安全，指事物存在一定的危险，但该危险的程度尚在人们所能够接受的普遍状态之中。由此可知，安全和危险不是互不相容的，而是呈现出某种相对的辩证关系。安全是经过对危险识别与管理之后，将风险降至最低的一种状态。由此论述可知，某个系统即便存在一定的风险，但当该风险处于某种可控或人们所能够普遍接受的状态时，该系统便处于安全的状态；反之，则相反。此种对安全问题的认知，是对以往传统安全观的进一步深化。

在学术研究中，为了更好地研究安全的范畴，人们经常把安全与“不受威胁”“不出事故”“不受灾害”等联系在一起，与之对立的“危害”“灾害”等是自然因素与人为因素给人类和环境造成破坏性影响的突发性事件，例如地质灾害、气象灾害、洪涝灾害、地震灾害和海洋灾害等自然灾害以及战争及交通事故等。

（二）公共安全

相对于安全而言，公共安全中的“公共”一词明确了安全所涉及的具体对象和范围。与个体所对应的概念不同，“公共”涉及多人或群体集合所形成的系统性和群体结构性问题。因而，对其概念及内涵的正确认识和把握，有利于提升相关公共安全主体对相关公共安全问题的处理能力，也有助于个体更好地维护个人的生命和财产权益并促进国家、社会的健康发展①。

党的十八大报告已明确提出“强化公共安全体系”的要求，公共安全连着千

① 李辉，秦绪坤，靳晓宏，等. 公共安全管理常用术语概念标准化研究[J]. 中国标准化，2017(5)：79-85.

家万户，确保公共安全事关人民群众生命财产安全，事关改革发展稳定大局。要牢固树立安全发展理念，自觉把维护公共安全放在维护最广大人民根本利益中来认识，扎实做好公共安全工作，努力为人民安居乐业、社会安定有序、国家长治久安编织全方位、立体化的公共安全网。“强化公共安全体系”的要求，回应了人们的期望，是建设小康社会的主要标志。安全是维持正常生活和社会秩序最为基本的保障条件，涉及人类活动的各个领域。各个领域都要将安全问题放在第一位。

公共安全是一个国家各项事业全面发展的基础和前提条件，也是社会发展的制约因素。《国家中长期科学和技术发展规划纲要(2006—2020年)》把公共安全列为重点领域之一，内容涉及国家公共安全应急信息平台，重大生产事故预警与救援，突发公共事件防范与快速处置等；《国家自然科学基金“十一五”发展规划》将社会系统与重大工程系统的危机/灾害控制纳入优先发展领域，可见对公共安全的研究尤为重要。

有学者认为，公共安全涉及公众或大多数人的生命、身体健康和财产安全，它表征一种良好的和持续稳定的秩序状态。危及公众或大多数人的生命、身体健康和财产安全的危险既有来自自然的危险，也有人为的危险，不论是哪一种危险，一旦爆发都会给社会带来严重的灾难。有学者认为，公共安全所涉及的公共安全危机事件是指自然灾害事故、人为事故和由社会对抗所引起的社会冲突行为，危害公共安全，造成或可能造成严重危害后果和重大社会影响的事件。也有学者认为，公共安全是指社会公众享有安全和谐的生活和工作环境以及良好的社会秩序，公众的生命财产、身心健康、民主权利和自我发展有安全的保障，最大限度地避免各种灾难的伤害。还有学者认为，公共安全问题属于公共产品范畴，是运用公共权力的政府必须向公民提供的一种服务。公共安全问题大致可以划分为生产领域的公共安全问题和非生产领域的公共安全问题。

对于公共安全的概念范畴在国际上与学术界未有一致的共识。对于不同学科而言，公共安全的范畴不尽相同。①

(1) 自然科学对于公共安全的主要关注内容与视野偏重自然的危险，研究灾害发生的机理、流变以及通过监测技术预先发布警告，提前加以防范；同时也会关注、分析人造危险对自然危险的影响，如雾霾的形成与人为的环境污染是

① 邓国良.公共安全及风险应对[M].北京：法律出版社，2014.

否具有内在的联系等。

(2) 社会科学和人文学科关注的内容与视野更多的是人为的危险，如公共卫生、生态恶化与环境污染、生产安全事故、产品缺陷、能源安全、网络安全、社会治安中的犯罪、权力腐败等，同时也会关注、分析自然危险中灾害、疫情等涉及的公共政策、立法规制、风险评估、灾后重建、经费投入与保障等。

尽管各种学科对公共安全问题的研究关注点存在一定的差异，研究的目的与出发点也有不同，但其之间仍然存在交叉与重合的研究领域。不论是自然因素还是人为因素造成的危险都是人类社会必须共同面对的危险，都是对公共安全的危害，必须引起人们的重视。

从公共安全研究的范围和界域来分析，国际上通常有广义和狭义之分。广义上的公共安全是指不特定多数人的生命、健康，重大公私财产以及社会生产、工作生活安全。它包括整个国家、整个社会和每个公民一切生活方面的安全（从国防安全、环境安全到社会福利保障等），自然也包括免受犯罪侵害的安全。狭义的公共安全主要包括自然灾害、治安事故（例如交通事故、技术性事故等）和犯罪的侵害三个部分①。

（三）城市公共安全

“城市公共安全”在“公共安全”上加了“城市”这个限定词，使得公共安全所涉及的对象和范围更为具体。城市是人类文明的中心，是一个地区乃至一个国家人口、经济、文化的集中点，其不只是人们赖以生存的栖息地，对周边地区的辐射作用和带动作用更为重要。城市公共安全对整个社会乃至整个世界有广泛影响。

城市公共安全是典型的公共安全，城市公共安全问题越来越成为文明社会发展中的首要问题。一个城市必须在保证自由、安全的条件下，为每个人提供最好的发展机会，这是人类城市发展的一个目标。作为政府治理体系和治理能力现代化的核心内容之一，城市公共安全问题已成为影响城市稳定、可持续发展的一个重要议题。习近平总书记于 2014 年首次提出的总体国家安全观已成为新时代我国城市公共安全治理的重要指引。

国内外对公共安全以及城市公共安全的定义尚无统一认识。一些学者认为，城市公共安全是指城市生态环境、经济、社会、文化、人身健康和资源供给等方面保持的一种动态稳定与协调状态，以及对自然灾害、社会与经济异常或突

---

① 郭济.政府应急管理实务[M].北京:中共中央党校出版社,2004.

发事件干扰的一种抵御能力。

城市公共安全研究城市由于人为因素和自然因素所导致的事故灾害及其对城市带来的风险。这些风险存在于生产、生活的各个方面，包括衣、食、住、行等各个领域及环节。

城市公共安全问题是城市问题和安全问题的耦合，城市和安全问题本身的复杂性使得城市公共安全问题成了更为复杂的系统问题。若把城市公共安全看成一个系统，那么它的风险，将由于人群的聚集而被放大、由于系统的脆弱性而易受攻击和破坏、由于系统的社会敏感性而被激化及猝变。随着经济和社会的快速发展，我国城市化进程日益加快，由此带来的公共安全问题日益突出。城市公共安全是一个复杂的系统问题，城市公共安全只有通过建立城市公共安全系统来实现。

可从以下六个方面对城市公共安全的研究所形成的安全城市理论进行概括：① 人类社会与自然生态环境的协调发展是安全城市的基石。② 稳定健康的经济增长与社会改革的和谐推进是安全城市的基本前提。③ 科学的危机管理体制与健全的处理机制是安全城市的重要环节。④ 普遍的公众危机意识和科学的安全救助知识是安全城市的重要防线。⑤ 政府是构建和管理安全城市的直接参与者。⑥ 安全城市以人类的全面发展为最终的目标。

二、城市公共安全的分类

作为个人或群体、组织所必须依赖的重要生存环境，城市公共安全不仅是一个城市持续健康发展的重要保证，也是一个国家长治久安的重要前提。基于城市公共安全的重要性，古今中外的政府把城市公共安全治理和维护作为自身的重要管理职能。城市公共安全繁纷复杂、内容丰富，呈现出形态各异的类型。

2005 年 1 月 26 日国务院第 79 次常务会议通过了《国家突发公共事件总体应急预案》，并于 2006 年 1 月 8 日发布并实施。其中，依据突发公共事件的发生过程、性质和机理的不同，可将突发公共事件分为自然灾害、事故灾难、公共卫生事件和社会安全事件等四种类型。

(1) 自然灾害，主要包括水旱灾害、气象灾害、地震灾害、地质灾害、海洋灾害、生物灾害和森林草原火灾等。

(2) 事故灾难，主要包括工矿商贸等企业的各类安全事故、交通运输事故、公共设施和设备事故、环境污染和生态破坏事件等。

(3) 公共卫生事件,主要包括传染病疫情、群体性不明原因疾病、食品安全和职业危害、动物疫情以及其他严重影响公众健康和生命安全的事件。

(4) 社会安全事件,主要包括恐怖袭击事件、经济安全事件和涉外突发事件等。

基于以上四类突发公共事件,有学者结合现代城市特征及事故灾害的特点,提出了具体的城市公共安全研究范围,包括以下七个方面:城市自然灾害、城市工业危险源事故灾难、城市公共场所事故灾难、城市公共基础设施事故灾难、城市道路交通事故灾难、城市突发公共卫生事件、城市恐怖袭击事件。

本书按照城市居民面临的公共安全威胁来源,将城市公共安全分为城市自然安全、城市生态安全、城市公共卫生安全、城市食品安全、城市交通安全、城市基础设施安全、城市社会安全以及城市信息安全等八个方面。

(一) 城市自然安全

城市自然安全事件主要是由自然因素所造成的城市及其人员生命、财产、社会功能和生态环境等损害的事件。在城市自然安全事件中,城市是社会政治、经济、文化活动的中心,自然灾害是指由于自然现象的突变而给人类的生命、财产以及人类赖以生存的资源和环境造成威胁和损坏的事件,具有突发性、易损性、区域不均衡性等特点。城市是主要的承灾体,引起城市自然安全事件的因素主要是自然灾害。

根据自然灾害事件的分类,本书将城市自然安全事件分为城市水旱灾害引起的自然安全事件、城市气象灾害引起的自然安全事件、城市地震灾害引起的自然安全事件、城市地质灾害引起的自然安全事件、城市海洋灾害引起的自然安全事件、城市生物灾害引起的自然安全事件以及城市森林草原火灾引起的自然安全事件等七类。

(二) 城市生态安全

城市生态安全有广义和狭义之分。广义的城市生态安全指城市既不会发生生态风险也不受任何潜在生态风险威胁的状态,即城市实现生态和谐或可持续发展的理想化状态。狭义的城市生态安全,指城市基本不发生人为导致的生态风险事故、在发生无法避免的生态风险事故时具有较强的适应能力和恢复能力的状态。狭义的城市生态安全认为现代人类的发展对于生态环境的冲击是不可避免的,承认在现代社会中存在不可避免的生态风险事故和威胁,重点关注制约城市生存和发展安全的重大生态安全风险,并勾画城市发展和建设的生态底线。

本书将城市生态安全事件定义为造成或者可能造成城市环境和生态条件(例如食物、居室、大气、水环境、交通及生物环境)恶化,对市民的身心健康、生命支持系统的发展、社会经济的发展和城市可持续发展产生威胁和风险的事件。城市生态安全事件主要包括城市环境污染事件和自然资源破坏事件。

(三)城市公共卫生安全

公共卫生事件是指突然生成,致使或者可能致使形成严重社会危害,特别是对民众生命健康产生严重损害的诸如传染性疾病、食物中毒等事件。公共卫生事件具有发生的突然性、原因的多样性、危害的群体性、影响的社会性及演变的阶段性等特征。

城市公共卫生事件是指已经发生或者可能发生在一个或多个城市的、对公众健康造成或者可能造成重大损失的传染病疫情、不明原因的群体性疫病、重大食物中毒和职业中毒,以及其他危害公众健康和生命安全的突发公共事件。《突发公共卫生事件应急条例》将突发公共卫生事件分为重大传染病疫情、群体性不明原因疾病、重大食物中毒或职业中毒、其他严重影响公众健康的事件等类别。

(四)城市食品安全

食品安全是指食品无毒、无害,符合应当有的营养要求,对人体健康不造成任何急性、亚急性或者慢性危害。我国对食品安全的关注重点已经从"量"转变到"质",突出食品的健康与质量安全,重点关注食品"质"的安全。食品安全并不仅限于源头,它既包括生产安全,也包括经营安全;既包括结果安全,也包括过程安全;既包括现实安全,也包括未来安全。

1996年,世界卫生组织在《加强国家级食品安全性计划指南》中将食品安全和质量进行划分并指出,食品安全是一种担保,它是对食品进行制作烹饪,通过进食不可能对消费者造成伤害。对于社会大众来说,食品质量则被表述为食品能够符合消费标准规范或者食品满足消费者具体的或者暗含的需要的属性。

狭义的城市食品安全事件指食品安全事故,即因食品质量和卫生问题而引发的对人体生命健康产生危害的事件。广义的城市食品安全事件是指与食品安全相关的所有新闻事件,包括食品采购、生产、流通、销售、消费的全过程所涉及安全事件。

按照食品问题发生的领域,城市食品安全事件可分为种植生产阶段的食品安全事件、加工销售阶段的食品安全事件以及食用消费阶段的食品安全事件等三大类。

（五）城市交通安全

城市交通系统是城市运输体系的中心系统。提升城市交通运行质量对推动城市经济发展具有重要意义。当前我国较多城市均存在交通规划不合理的现象，导致城市出现严重的交通拥堵问题，严重影响城市交通运行质量，增加了城市交通事故发生的概率。随着我国城市公共交通的快速发展，公共交通中存在的问题与不足也日益受到更多人的重视，对城市交通安全的研究已迫在眉睫。

城市交通安全事件是指城市及公众因受到人、车、路、环境等复杂因素的影响而遭受人员伤亡或者财产损失的事件。城市交通安全事件可以是由不特定的人员违反道路交通安全法律法规所造成的，也可以是由于地震、飓风、洪水等不可抗拒的自然灾害所导致的。

按事件发生时是否可预测，可将城市交通安全事件分为可预测的城市交通安全事件和突发的城市交通安全事件两种。可预测的城市交通安全事件，例如道路养护、大型活动等，决策者通过掌握和运用预测科学的有关原理、程序和方法，对城市交通安全做出科学的决策，从而使得事件发生在可控范围内。突发的城市交通安全事件，例如交通事故、恶劣天气、桥梁或道路的坍塌等，此类事件突然发生，造成或者可能造成严重社会危害，威胁城市交通安全，需要采取应急处置措施予以解决。

（六）城市基础设施安全

城市基础设施是指为社会生产和居民生活提供公共服务的物质工程设施，是用于保证国家或地区社会经济活动正常进行的公共服务系统。城市基础设施是社会赖以生存和发展的一般物质条件，是国民经济各项事业发展的基础，主要包括交通、邮电、供水供电、商业服务、科研与技术服务、园林绿化、环境保护、文化教育、卫生事业等市政公用工程设施和公共生活服务设施等。

公共安全是指社会公众的生命、健康、重大公私财产以及公共生产、生活的安全，即社会公众的生命健康及公私财产等处于安全或不受威胁的状态，或将可能产生的损害控制在人类可接受的水平或以下的状态。突发事件对城市各类基础设施系统的破坏，可导致城市部分功能瘫痪、公众生命财产遭受损害的严重后果。就我国城市发展及其安全防灾减灾现状而言，多数城市的基础设施缺乏自我保障能力，由此带来的城市安全隐患大为增多，灾害产生的损失也逐渐增大。

因此，城市基础设施安全事件即由于城市各类基础设施系统的破坏而导致城市部分功能瘫痪、公众生命财产遭受损害的各类突发事件。威胁城市基础设施安全的因素有很多，主要有以下几种：

(1) 自然灾害。例如，地震、飓风、暴雨洪涝、雷电、高温热浪、雨雪冰冻等。

(2) 非故意损毁。对城市生命线系统造成危害的有自然因素，也有人为因素。

(3) 危险设施事故。工业危险基础设施主要指涉及城市中危险品的使用、生产、加工、运输和储藏的所有危险源，可以用“点源”和“线源”来概括。

(4) 突发公共事件。城市是人口高度集中的地方，城市中很多重要的基础设施都是人员密集的场所(例如大城市的公共交通或体育场馆)。一旦这些公共场所受到威胁、攻击破坏等，极易造成群死群伤，后果不堪设想，不利于社会的稳定。

(5) 脆弱的信息网络系统。我国的城市信息网络系统抗风险的能力较为薄弱，对诸如信息网络安全的防范不足。

(6) 恐怖活动和其他违法犯罪行为。城市的重要基础设施是恐怖分子和其他犯罪分子制造恐怖事件、破坏公共秩序、危害公共安全的主要选择对象和目标。这些都是可能威胁城市重要基础设施安全的潜在因素。

除此之外，城市基础设施自身还存在着一些安全隐患。有一些基础设施，特别是管线之类，由于使用时间较长，磨损、腐蚀等较为严重，即使没有外来因素的破坏，也有可能因为老化而影响到重要基础设施的安全。

(七) 城市社会安全

2020 年 10 月，党的十九届五中全会进一步明确提出，统筹发展与安全、建设更高水平的平安中国，推动实现高质量发展，确定了社会安全治理实践的新价值坐标，为社会安全治理现代化建设指明了发展方向。社会安全治理工作致力于为社会民众创造一个和谐稳定的生产生活环境。现代城市社会安全治理工作是和谐文明社会建设目标的重要组成部分，是维持社会秩序稳定及社会有效运转的基本工作。

城市社会安全事件是指在城市发展过程中发生的，人为因素引发的可能造成重大社会影响或危害城市社会稳定、干扰社会秩序的、具有不确定性和复杂性的突发性公共安全事件。城市社会安全事件包括：恐怖事件、群体性事件、重大治安事件、重大刑事犯罪、动乱事件、暴乱事件、严重骚乱事件、经济安全事件以及涉外突发事件等。

城市社会安全事件作为突发事件的重要组成部分，与其他类型突发事件

(自然灾害、事故灾难、公共卫生事件)有着不同的特点与构成因素。从利益相关性上来说,自然灾害、事故灾难、公共卫生事件在性质上属于利益一致性公共危机,在应对过程中,政府、社会公众之间的目标与价值取向容易达成一致,而社会安全事件中有相当一部分属于利益对抗性危机,即该类社会安全事件是一种由明显抵触的社会力量之间的冲突所导致的紧张状态,冲突双方有不同的利益或目标追求,从一定意义上说,是社会矛盾的直接反映。

(八) 城市信息安全

《中共中央关于坚持和完善中国特色社会主义制度 推进国家治理体系和治理能力现代化若干重大问题的决定》提出,建立健全运用互联网、大数据、人工智能等技术手段进行行政管理的制度规则。从此,智慧城市建设开始不断发展。智慧城市是指将物联网、云计算、大数据、空间地理信息集成等新一代信息技术与城市建设发展进行深度融合,通过丰富的应用系统提高城市管理水平,提升公共服务效率,从而方便市民的工作和生活,促进城市经济、社会、环境和谐发展。

信息安全有广义与狭义之分。广义上,信息安全是指一个国家的社会信息化状态和信息技术体系不受外来威胁与侵害。狭义上,信息安全是指保护信息及信息系统在信息存储、处理、传输过程中不被非法访问或修改,而且不对合法用户拒绝服务。

从国家来看,国家安全与信息安全密切相关;从企业组织来看,信息安全关乎企业组织机构的正常运作和长久发展;从个体来看,信息安全关乎个人隐私安全和财产安全。无论是国家、企业组织还是个人,保护自身信息资产不受侵犯是非常重要的。

《信息技术 安全技术 信息安全事件管理 第1部分:事件管理原理》(GB/T 20985.1—2017)将信息安全事件描述为:可能是故意的(例如,由恶意软件或故意违纪造成的)或意外的(例如,由意外的人为错误或不可避免的自然行为造成的),可能是由技术手段(例如,计算机病毒)或非技术手段(例如,计算机丢失或被盗)所造成的。其后果包括信息未经授权的泄露、修改、破坏或不可用,或者组织信息资产的损坏或被盗。《国家网络安全事件应急预案》将网络安全事件定义为:由于人为原因、软硬件缺陷或故障、自然灾害等,对网络和信息系统或者其中的数据造成危害,对社会造成负面影响的事件。网络安全事件可分为有害程序事件、网络攻击事件、信息破坏事件、信息内容安全事件、设备设施故障、灾害性事件和其他事件。

综上，城市信息安全事件是指，城市的信息空间、信息载体和信息资源受到来自城市内外各种形式的危险、威胁、侵害和误导等对城市内组织或个人产生影响的事件。

三、应急管理理论的发展

（一）应急管理背景

在当今科技与经济不断发展进步的社会大环境下，社会矛盾和突发事件也层出不穷。随着现代化程度的提升，人类逐渐享受到繁荣和文明带来的成果，化解社会矛盾、应对突发事件的能力显著增强，但与此同时，人们也受到了突发事件所带来的威胁。这些威胁涉及人类政治、经济、社会、科技、环境等各个方面、各个领域，既有外界客观因素的作用，也有人的主观认知的影响。

自2003年非典疫情暴发以来，我国对突发事件应急管理给予了高度重视。随着2006年1月8日国务院发布《国家突发公共事件总体应急预案》，我国应急预案框架体系初步形成。2019年11月29日，中共中央政治局就我国应急管理体系和能力建设进行第十九次集体学习。习近平总书记在主持此次学习时强调，应急管理是国家治理体系和治理能力的重要组成部分，承担防范化解重大安全风险、及时应对处置各类灾害事故的重要职责，担负保护人民群众生命财产安全和维护社会稳定的重要使命。要发挥我国应急管理体系的特色和优势，借鉴国外应急管理有益做法，积极推进我国应急管理体系和能力现代化。

应急管理是国家治理体系和治理能力的重要组成部分，当前我国自然灾害形势严峻复杂，安全生产仍然处于脆弱期、爬坡期、过坎期。防范化解重大安全风险，及时应对处置各类灾害事故，提高全社会自然灾害防治能力，促进安全生产形势持续稳定好转，还有大量工作要做。

（二）应急管理概念

1. 应急管理的概念范畴

“应急管理”一词中，“急”有危急、迫切的意思，古人云“楚越之急”“悬梁之急”，在《荆轲刺秦王》中有“时恐急，剑坚，故不可立拔。”在《楚辞・离骚》中有“忽驰骛以追逐兮，非余心之所急。”[①]“应”是指应对、应付，即处置和解决“急”相

① 郭沫若．离骚今译[M]．北京：人民文学出版社，1978.

关的事件。对“应急”事件的理解，形成了相关的理论方法，也就有了“管理”一说，因而组成了“应急管理”一词。

1979 年，美国总统卡特颁布 12127 号行政命令，将原来分散的紧急事态管理机构集中起来，成立了联邦应急管理局（Federal Emergency Management Agency，FEMA），专门负责突发事件应急管理过程中的机构协调工作。联邦应急管理局的成立标志着美国现代应急管理机制正式建立，同时也是世界现代应急管理的一个标志。

应急管理在英文中为“Emergency Management”，其中提及“Emergency”常常联系到危机与风险。“Emergency”一词在美国主要包括自然灾害和技术灾害。其中，自然灾害的发生是经常性的，包括大范围的自然灾害和严重的风暴、泥石流、雷击和龙卷风；技术灾害属于安全生产管理范畴。危机和风险则贯穿自然灾害和技术灾害的全过程，因此与应急管理极为密切。

应急管理是指政府、部门、单位等组织为有效地预防、预测突发公共事件的发生，最大限度减少其可能造成的损失或者负面影响，所进行的制定应急法律法规、应急预案以及建立健全应急体制和应急处置方案等方面工作的统称。应急管理是国家治理体系和治理能力的重要组成部分，承担着防范化解重大安全风险、及时应对处置各类灾害事故的重要职责，担负保护人民群众生命财产安全和维护社会稳定的重要使命。

2. 应急管理概念的不同表述

联合国国际减灾战略在《术语：灾害风险削减的基本词汇》中提出，应急管理是一种为应对紧急事务的组织与管理，特别是在准备、响应与早期恢复阶段的组织与管理。应急管理包括各种计划、组织与安排，它们确立的目的是：将政府、非政府组织、志愿者与私人机构的正常工作以综合协调的方式整合起来，满足各种紧急需求。

美国国土安全部将应急管理定义为：协调、整合所有对于建立、维持与提高一系列能力来说很有必要的所有活动。这些活动包括针对潜在或现实灾害或紧急事务而进行的准备、响应、恢复、减缓，不论导致灾害或紧急事务的原因是什么。

美国联邦应急管理局将应急管理定义为：有组织地分析、规划、决策和分配可利用的资源以针对所有的风险灾难完成缓解（包括减少负面影响或防止）、准备、响应和恢复等功能。

张海波认为，应急管理是政府和其他管理主体对突发事件的预防与应急准备、监测与预警、应急处置与救援、事后恢复与重建中的各种应对活动的管理①。刘钊认为，应急管理是指针对特大、重大的危险，人们遵循应急管理的内在规律，采取一系列必要措施，遵循应急管理的"道"，采取相应的应急管理的"术"来解决危机事件，保障人民生命、财产安全，维护人与自然、人与人、人与社会的良好秩序。应急管理的"道"，侧重于对应急管理的理论构建，而应急管理的"术"，侧重形而下的技术应用，两者相互依存、相互作用②。

（三）应急管理理论

西方学者对应急管理的研究提出了 PPRR 理论以及 MPRR 理论。FEMA 提出的 PPRR 理论，即预防（Prevention）、准备（Preparation）、应对（Response）和恢复（Recovery），是在应急管理中应用比较广的理论。

1. 预防

危机管理必须在危机爆发前就加以预防，任何会导致危机的可能性都要予以排除，防患于未然。预防包括以下两个环节：一是分析危机的环境，对管理范围内的政治、社会、经济、自然等条件进行评估。二是找出可能导致危机的关键因素，并尽可能提早加以解决。

2. 准备

制订应急计划，提前设想危机可能爆发的方式、规模，并且准备好多套应急方案。建立危机预警机制，依靠参照物指标加以检验。这项工作没做好，很可能导致本来程度轻的、局部的危机，改变性质，蔓延为严重的、全局性的危机。

3. 应对

对危机做出适时的应对是危机管理的重要组成部分。危机一旦发生，首先要遏制危机，相关管理部门要在困难的情况下为决策者提供及时、准确而必要的信息，从而为迅速出击、解决危机创造条件；其次要注意隔绝危机，避免其蔓延，要将危机限定在一定范围之内。隔绝的途径之一是通过有效的危机反应机制防止危机扩散。另外，还应加强媒体管理，防止谣言流传、虚假信息散布而影响决策。

---

① 张海波. 应急管理的全过程均衡：一个新议题[J]. 中国行政管理，2020(3)：123-130.

② 刘钊. 论应急管理"道"与"术"研究融合的困境与对策[J]. 河南教育学院学报（哲学社会科学版），2019，38(6)：64-68.

4. 恢复

危机过后，需要对恢复或重建进行管理。恢复和重建不仅要恢复危机中所受到的财产损害，还要恢复受害人的精神，尤其要避免重蹈覆辙，将会发生危机的漏洞弥补起来。

依据灾难的发生周期，美国全国州长协会将紧急事态管理的活动、政策和项目分为四个功能区：减除（Mitigation）、准备（Preparation）、应对（Response）和恢复（Recovery），简称 MPRR。MPRR 理论是紧急事态管理的生命周期理论。该理论是对紧急事态的全面管理，是无数次灾难中吸取的教训的总结。它认为，应急管理应从可能造成灾难的风险识别和减除开始，避免能够避免的灾难后果，减轻不能避免的灾难的影响，在应对和恢复过程中为下一次紧急事态的发生做好准备。

国内学者张海波基于中国国情提出了“6＋1”模型，包括准备、预防、减缓、响应、恢复、学习等六项分阶段机制和监测一项跨阶段机制。“6＋1”理论框架对全过程均衡进行了细化：应急管理细化为准备和响应，风险管理细化为预防和减缓，危机管理细化为恢复和学习[①]。应急管理全过程均衡的六项分阶段机制见图 1-1。

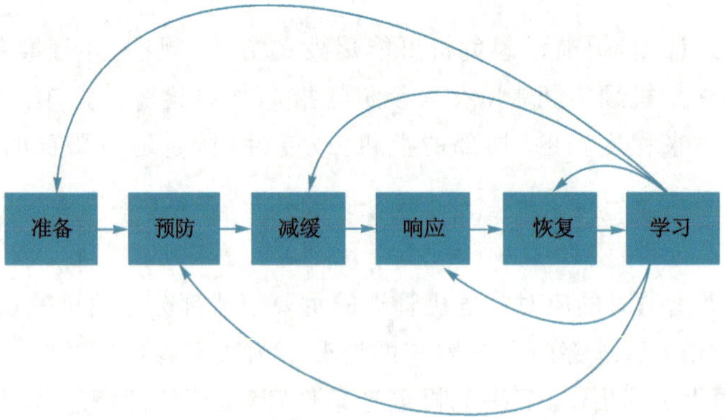

图 1-1　应急管理全过程均衡的六项分阶段机制

① 张海波. 应急管理的全过程均衡：一个新议题[J]. 中国行政管理，2020(3)：123-130.

四、我国城市公共安全面临的形势

改革开放以来，我国社会、经济、文化得到了快速发展，如今我国经济朝着更高质量、更有效率、更加公平、更可持续的方向稳步发展。城镇化进程不断加快，促进了经济快速发展，同时城市公共安全也随人口的快速流动和财富的高度集中而风险大增。我国正处于经济和社会的转型期，公共安全保障基础相对薄弱与经济高速发展的矛盾越来越突出，影响和制约了国民经济全面、协调、可持续发展。

如今，中国城市化程度迅速提高，城市要素愈发多样，城市规模不断扩大，城市结构日趋复杂，再加上经济社会发展阶段和时代形势的影响，城市公共安全面临的挑战日益严峻，威胁城市正常运转及经济社会发展的各类公共安全问题频繁发生，我国正面临着严峻的城市公共安全问题。2019 年，我国自然灾害不仅造成高达 1 926 万公顷(1 公顷＝10 000 平方米)的农作物受灾，也造成自然灾害受灾人口达 13 759 万人次，直接经济损失 3 271 亿元。2019 年自然灾害事故见表 1-1。

表 1-1　2019 年自然灾害事故①

指标	数量
农作物受灾面积/万公顷	1 926
自然灾害受灾人口/万人次	13 759
自然灾害受灾死亡人口/人	909
自然灾害直接经济损失/亿元	3 271

2016—2019 年，我国城市交通事故发生量大致呈上升的趋势，至 2019 年交通事故发生数达到了 247 646 起(图 1-2)。2015 年后，在国家加大治安管理处罚力度以及出台相关政策后，公安机关的刑事案件立案数有了明显的降低，从 2015 年的 717.4 万起降至 2018 年的 506.9 万起，到再降至 2019 年的 486.2 万起，以平均每年 57.8 万起的频数不断递减。公安机关刑事案件立案及治安案件查处基本情况见表 1-2。

① 国家统计局社会和科技统计司. 中国社会统计年鉴：2020[M]. 北京：中国统计出版社，2020.

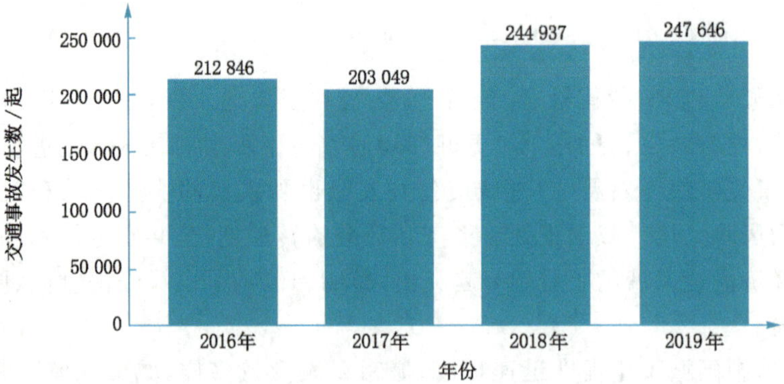

图 1-2 城市交通事故发生数①

表 1-2 公安机关刑事案件立案及治安案件查处基本情况②

项目	年份				
	2005 年	2010 年	2015 年	2018 年	2019 年
公安机关刑事案件立案数/万起	464.8	597.0	717.4	506.9	486.2
公安机关治安案件查处数/万起	630.1	1 212.2	1 097.2	884.6	871.9

公共安全管理理论认为，公共安全问题涉及自然因素、生态环境、公共卫生、经济、社会、技术、信息等。现代国家安全观已经超出传统的军事和国防范畴，囊括了人们身体健康、生态环境、互联网络安全、生物物种安全、科学技术保密、矿产资源保护、国际贸易畅通、货币金融稳定、公众心理稳定等诸多方面。城市安全包括城市自然安全、城市生态安全、城市公共卫生安全、城市食品安全、城市社会安全、城市基础设施安全、城市交通安全以及城市信息安全等八个方面。

我国对城市公共安全给予了高度关注，安全是城市可持续发展中不可或缺的元素。非典疫情的暴发，使得公共安全成了社会关注的重点，2006 年国务院发布《国家突发公共事件总体应急预案》，根据突发公共事件的发生过程、性质和机理，将突发公共事件分为四类：自然灾害（洪水、地震、气象等灾害）、事故灾难（交通运输事故、公共设施和设备事故、环境污染和生态破坏等）、公共卫生事件（群体性不明流行病、食品安全、动物疫情等）、社会安全事件（恐怖性袭击事

① 国家统计局．中国统计年鉴：2020[M]．北京：中国统计出版社，2020.

② 国家统计局社会和科技统计司．中国社会统计年鉴：2020[M]．北京：中国统计出版社，2020.

件、经济安全事件等)等。

作为政府治理体系和治理能力现代化的核心内容之一,城市公共安全问题已成为影响城市稳定、可持续发展的一个重要议题。2014 年,习近平总书记首次提出总体国家安全观,强调要准确把握国家安全形势变化新特点新趋势,坚持总体国家安全观,走出一条中国特色国家安全道路并系统提出“11 种安全”。随着外部环境的不断变化,总体国家安全观逐步扩充至 16 种安全,总体国家安全观已成为新时代我国城市公共安全治理的重要指引。

2

第二章

城市自然安全

一、城市自然安全事件

我国正处于经济和社会快速发展时期，这一时期，城市化快速推进，城市人口、规模等快速扩张。与此同时，城市公共安全管理难度加大，城市环境问题日益积累，自然灾害频发，城市脆弱性问题突出，安全韧性不足。城市自然安全事件影响城市正常经济生活秩序，使公众的生命财产遭受损害，对城市公共安全提出挑战。

（一）城市自然安全事件的概念

1. 自然灾害的概念

自然灾害是指由于自然现象的突变而给人类的生命、财产以及赖以生存的资源和环境造成威胁和损坏的事件①，具有突发性、易损性、区域不均衡性等特点。城市自然灾害是自然原因和人为因素交叉作用的结果，城市自然安全事件主要由自然灾害引起②。由于城市灾害脆弱性较高，城市救灾工作开展难度大，因此城市自然安全事件一旦发生，往往会使公众的生命财产遭受损害，给生态环境和社会稳定造成严重威胁。

2. 城市自然安全事件的概念

城市是社会政治、经济、文化活动的中心。随着我国城市化进程加快，城市人口和规模不断扩大，其功能及结构更加复杂，风险演化机理变异、危害程度加重③。当前影响城市公共安全的因素越来越多，自然因素、人为因素以及人与自然共同因素④等对城市公共安全造成严重影响。城市自然安全事件主要是指由自然因素造成城市及其人员生命、财产、社会功能和生态环境等损害的事件。在城市自然安全事件中，城市是主要的承灾体，而引起城市自然安全事件的因素主要是自然灾害。

对于城市自然安全事件的具体定义尚未明确，但可以确定的是，城市自然安全事件包含了“城市”和“自然安全事件”两个主体。因此，本书认为城市自然安全事件主要是由自然灾害引起，受到自然与人为致灾因素交叉影响，造成城市及其人员生命、财产、社会功能和生态环境等方面的损害，影响城市自然安全

① 王义保. 公共安全管理[M]. 徐州：中国矿业大学出版社，2019.

② 吴建安. 我国城市自然灾害与应急管理体系研究[J]. 价值工程，2012，31(17)：307-308.

③ 张宇栋，吕淑然. 城市公共安全管理存在的问题及其解决途径[J]. 城市问题，2018(11)：81-87.

④ 董华，张吉光，等. 城市公共安全：应急与管理[M]. 北京：化学工业出版社，2006.

的事件。

3. 城市自然安全事件的分类

从不同角度对城市自然安全事件进行分类，可以得到不同的分类情况。依据《国家突发公共事件总体应急预案》对自然灾害的分类，自然灾害主要包括水旱灾害、气象灾害、地震灾害、地质灾害、海洋灾害、生物灾害和森林草原火灾等七类，据此，可以将城市自然安全事件分为以下几类。

(1) 城市水旱灾害引起的自然安全事件

根据《自然灾害分类与代码》(GB/T 28921—2012)，干旱灾害是指因降水少、河川径流及其他水资源短缺，对城乡居民生活、工农业生产以及生态环境等造成损害的自然灾害。洪涝灾害是指因降雨、融雪、冰凌、溃坝(堤)、风暴潮等引发江河洪水、山洪、泛滥以及渍涝等，对人类生命财产、社会功能等造成损害的自然灾害。一般来说，干旱灾害呈现阶段性和区域性特征。随着城市化的推进，我国不少城市出现干旱现象，城市因干旱而导致生活用水、工业用水等水资源短缺的现象已严重影响城市社会经济秩序。城市洪涝灾害实质上包括城市洪灾和城市涝灾两种灾害。城市洪灾是指城市所在流域的江、河、湖、水库等水位上涨形成客水入境造成的灾害；城市涝灾是指本地降雨量过大而产生大量积水汇集到城市内低洼地区，城市排水系统不能及时将积水排走而形成的灾害现象①。随着城市化的发展和城市群的推进，城市洪涝灾害所造成的影响会通过交通、物流、通信、经济往来等扩展到整个城市群②。

(2) 城市气象灾害引起的自然安全事件

根据《自然灾害分类与代码》(GB/T 28921—2012)，气象灾害是指由于气象要素的数量或强度、时空分布及要素组合的异常，对人类生命财产、生产生活和生态环境等造成损害的自然灾害。城市气象灾害种类繁多，其中对城市损害比较严重的有：暴雨洪涝灾害、城市热害、雾害、城市热带气旋灾害、龙卷风灾害、冰雪灾害、城市风灾、雹灾、酸雨及雷电灾害③。此外，台风、风雹等灾害直接影响城市工农业生产、交通运输，威胁人类生命财产安全。

---

① 高凯，杨志勇，高希超，等. 城市洪涝损失评估方法综述[J]. 水利水电技术(中英文)，2021，52(4)：57-68.

② 李超超，程晓陶，申若竹，等. 城市化背景下洪涝灾害新特点及其形成机理[J]. 灾害学，2019，34(2)：57-62.

③ 迎春. 城市气象灾害及其防御研究综述[J]. 现代农业，2019(2)：91-94.

(3) 城市地震灾害引起的自然安全事件

根据《自然灾害分类与代码》(GB/T 28921—2012),地震灾害是指地壳快速释放能量过程中造成强烈地面振动及伴生的地面裂缝和变形,对人类生命安全、建(构)筑物和基础设施等财产、社会功能和生态环境等造成损害的自然灾害。中国城市面临着十分严重的地震灾害。据《中国地震动参数区划图》(GB 18306—2015),中国有58%的国土面积处于地震峰值加速度0.1g及以上地区;0.2g及以上地区的面积占18%;50%以上的城市和70%百万人口以上的城市位于地震动峰值加速度0.1g及以上的高烈度区;包括中国台湾地区、香港特别行政区和澳门特别行政区在内的34个省会级大城市,位于地震动峰值加速度0.1g及以上的城市28座,占总数的82%;位于0.2g及以上的城市12座,占总数的41%①。由地震引起的城市自然安全事件,给城市带来的影响是巨大的甚至是毁灭性的。

(4) 城市地质灾害引起的自然安全事件

根据《自然灾害分类与代码》(GB/T 28921—2012),地质灾害是指由地球岩石圈的能量强烈释放剧烈运动或物质强烈迁移,或是由长期累积的地质变化,对人类生命财产和生态环境造成损害的自然灾害。城市地质灾害是随着城市化进程加快,由自然与人为共同作用所导致的一种新型地质灾害。我国城市主要地质灾害包含以下几种类型:地面沉降变形灾害、泥石流灾害、地震灾害、水文地质环境污染灾害及城市垃圾灾害等②。

(5) 城市海洋灾害引起的自然安全事件

根据《自然灾害分类与代码》(GB/T 28921—2012),海洋灾害是指海洋自然环境发生异常或激烈变化,在海上或海岸发生的对人类生命财产造成损害的自然灾害。我国拥有广袤的管辖海域和漫长的海岸线,全国约13.6%的国土面积在沿海地区,聚集了全国70.0%以上的大城市和50%以上的人口③。受气候变化影响,我国沿海地区遭受台风、风暴潮和赤潮等灾害的频次增加,致灾因素叠加,海洋灾害变化复杂,给我国城市公共安全带来巨大挑战。

---

① 薄景山,李平,孙有为,等.中国城市抗御地震灾害研究的发展与实践[J].震灾防御技术,2019,14(2):259-268.

② 程靓.城市地质灾害治理研究现状与述评[J].价值工程,2020,39(17):7-9.

③ 齐庆华,蔡榕硕,颜秀花.气候变化与我国海洋灾害风险治理探讨[J].海洋通报,2019,38(4):361-367.

(6) 城市生物灾害引起的自然安全事件

根据《自然灾害分类与代码》(GB/T 28921—2012),生物灾害是指在自然条件下的各种生物活动或由于雷电、自燃等原因所导致的发生于森林或草原,有害生物对农作物、林木、养殖动物及设施造成损害的自然灾害。中国主要的生物灾害有农作物生物灾害和森林生物灾害。随着城市建设的快速发展,城市森林生态系统发生变化,人们利用植物改善城市环境,随之引发了城市中原有生物结构的变化,加上不合理的树种及景观配置,导致生物灾害频繁入侵,助长了城市森林生物灾害,影响了城市人民的生产和生活质量,制约了城市健康发展的进程①。

(7) 城市森林草原火灾引起的自然安全事件

根据《自然灾害分类与代码》(GB/T 28921—2012),森林草原火灾是指由雷电、自燃导致的,或在一定有利于起火的自然背景条件下由人为原因所导致的,发生于森林或草原,对人类生命财产、生态环境等造成损害的火灾。城市森林草原火灾发生的原因既有高温干旱及闪电等自然因素,也有包括人为故意纵火、林区生产失火、林区建筑物不科学地建设、不合理的城市森林规划等人为因素在有利于起火的自然背景下导致的火灾②。

(二) 城市自然安全事件的成因机理

城市自然安全事件的成因机理可以从孕灾环境的变化、致灾因子的变化以及城市承灾体自身对自然安全事件承载能力的脆弱性等方面进行分析③。

首先,城市自然安全事件的孕灾环境是指城市及其周边地域从自然灾害孕育到结束的自然环境和人文环境④。随着城市建设的发展、城市区域的扩张以及城市不合理的区域规划等,城市原本的自然环境遭受破坏,抵御风险的能力降低,城市自然安全事件增加。

其次,城市化和气候变化等导致致灾因子发生变化。致灾因子指的是可能造成人员伤亡、财产损失和设施破坏的一切自然、人文异变因素。我国城市自然安全事件的致灾因子互相叠加交叉,既有人为因素,也有自然因素。

---

① 靳爱仙,田呈明,赵鹏.中国城市森林生物灾害的发生现状及控制展望[J].林业科学研究,2006,19(5):653-659.

② 陆庆轩.城市森林火灾隐患及其管理[J].中国城市林业,2009,7(5):10-12.

③ 徐宗学,陈浩,任梅芳,等.中国城市洪涝致灾机理与风险评估研究进展[J].水科学进展,2020,31(5):713-724.

④ 王鑫.城市自然灾害安全评价体系与调控方法及应用研究[D].郑州:郑州大学,2019.

最后，城市承灾体也是城市自然安全事件成因的重要因素。承灾体是指直接受到灾害影响和损害的人类社会主体，对于城市自然灾害，承灾体可以定义为城市的居民、财产、各类建筑设施以及城市生命线工程。

城市承灾体的脆弱性主要体现为城市基础设施建设的滞后，城市自然安全管理水平与居民对城市自然安全需求之间存在差距。另外，由于城市产业链复杂，相关致灾因子和承灾体相互影响，灾害一旦发生，具有触发、联动、蔓延、扩散效应，灾害直接损失逐渐放大，灾害间接影响持续时间长、影响面广，脆弱性较高①。

（三）我国城市自然安全事件概况

我国是世界上自然灾害最严重的国家之一。2016 年，习近平总书记在视察唐山时指出，我国是世界上自然灾害最为严重的国家之一，灾害种类多，分布地域广，发生频率高，造成损失重，这是一个基本国情②。应急管理部和教育部发布的《2019 年全球自然灾害评估报告》显示，我国自然灾害损失在全球排名仍居前列，灾害发生频次和直接经济损失的全球排名分别为第 2 位和第 3 位③。《应急管理部发布 2020 年全国自然灾害基本情况》指出，2020 年我国各种自然灾害共造成 1.38 亿人次受灾，591 人因灾死亡失踪，589.1 万人次紧急转移安置；10 万间房屋倒塌，30.3 万间严重损坏，145.7 万间一般损坏；农作物受灾面积 1 995.8 万公顷，其中绝收 270.6 万公顷；直接经济损失 3 701.5 亿元④。

随着城市化进程的推进，城市公共安全管理面临着更加复杂的环境，城市自然安全事件频发，更加凸显城市的脆弱性。我国城市自然灾害防治能力虽然已经得到提升，相关法律法规得以不断完善，例如出台了《中华人民共和国突发事件应对法》《中华人民共和国防震减灾法》《自然灾害救助条例》《中华人民共和国防洪法》《中华人民共和国气象法》等，但是，我国城市灾害防治体系建设仍存在不足，城市安全基础设施滞后，安全管理水平与居民自然安全需求之间存在差距。城市自然安全事件影响因素越来越复杂，致灾因子的变化、孕灾环境

---

① 吴建安. 我国城市自然灾害与应急管理体系研究[J]. 价值工程，2012，31(17)：307-308.

② 习近平：同自然灾害抗争是人类生存发展的永恒课题[EB/OL].（2016-08-06）[2021-05-07]. http://news.cnr.cn/native/gd/20160806/t20160806_522901424.shtml.

③ 《2019 年全球自然灾害评估报告》发布 去年全球自然灾害总体偏轻 我国灾害损失位于世界前列[EB/OL].（2020-05-08）[2021-05-07]. https://www.mem.gov.cn/xw/bndt/202005/t20200508_352281.shtml.

④ 应急管理部发布 2020 年全国自然灾害基本情况[EB/OL].（2021-01-08）[2021-05-07]. https://www.mem.gov.cn/xw/yjglbgzdt/202101/t20210108_376745.shtml.

的变化以及城市自身承灾能力的脆弱性等为城市自然安全管理带来巨大挑战。因此，需要进一步探究城市自然安全事件的影响因素、致灾机理等，提升城市自然安全事件应对能力，保障居民的公共安全。

二、案例资料："7·21"北京特大暴雨事件

（一）事件背景

2012年7月22日，北京市防汛抗旱指挥部发布信息，"7·21"北京特大暴雨事件导致北京受灾面积16 000平方千米，成灾面积14 000平方千米，全市受灾人口190万人，其中房山区80万人，全市初步统计经济损失近百亿元。7月22日，北京市政府新闻办官方微博发布消息，在本市境内共发生因灾死亡37人。其中，溺水死亡25人，房屋倒塌致死6人，雷击致死1人，触电死亡5人。[①]

（二）事件始末

1. 预防与应急准备阶段

（1）天气状况

我国整个雨带随着季节从南向北推移，即从最早的华南汛期开始，到江南梅雨季，再到华北的雨季。7月下旬到8月上旬，华北地区进入降雨集中期，容易出现雨量集中、强度较大的降雨过程。此外，我国属于季风气候，当季风向北推移到华北地区时，就为强降雨提供了充足的水汽供应条件。时值7月，北京市天气闷热，空气中的水汽含量极大，北京以南的水汽又源源不断地输入，将空气湿度送至饱和，水汽条件良好。据估算，2012年7月下旬北京市上空大气中的水汽累积含量已经达到了50毫米左右的量级，即使不算上外来水汽的供应，只是单纯空中的水汽降落到地面就已经能够达到暴雨量级。恰逢北方冷空气来袭，北方南下的冷空气和强盛的西南暖湿气流在华北一带剧烈交汇。因此这一带产生了强降雨。[②]

由于此次天气系统覆盖了整个华北地区，且冷暖空气的交汇点恰好处于北京市上空。北京市地形特殊，西部、北部环山，气流被围追堵截，抬升迅速，在这

---

① 北京市长（应表述为北京市市长）郭金龙：举全市之力打好救灾善后攻坚战[EB/OL].（2012-07-23）[2021-05-10]. https://www.chinanews.com/gn/2012/07－23/4052421.shtml.

② 刘珺. 专家分析北京"7.21"暴雨倾城成因[EB/OL].（2012-08-20）[2021-05-07]. http://www.weather.com.cn/zt/kpzt/1696692.shtml.

种情形下，一遇到冷空气活动，对流云团会即刻得到强烈发展。此外，北京市东面存在一个高压天气系统，它的阻碍导致了北京降雨系统的东移，因此降雨持续较长时间。

（2）城市化进程中的城市规划现状

随着城市现代化建设的快速发展，市区河湖不断被侵占，造成河湖缩窄或淤积、城市水面减少，相应地降低了城市内涝的调蓄能力，从而增加了暴雨内涝的发生频率。与此同时，城市道路面积增加使地表汇流量增加。北京市 2010 年城市道路面积较 2001 年增加了 55%。道路面积的增加，使土地吸收和渗透性减弱。①

城市道路的发展也使得易被淹没地段增多。2010 年北京市拥有的桥梁和立交桥分别较 2001 年增加了 1.1 倍和 1.6 倍。② 公路桥、立交桥、过街地下通道等地势偏低点增多，遇到强降水，易形成积水。此外，老城区规划改造破坏了原有的排涝设施；城市现有排水设施和管网容量不足；城市缺乏科学合理的雨水储存、利用的空间和措施；城市缺乏统筹协调、严密有效的防洪抗涝应急和风险管理机制；城市管网设计不适应新的气象灾害特点等，均是造成城市内涝的原因。

2. 监测与预警阶段

2012 年 7 月 20 日，即在此次降雨发生前，北京市气象台曾两次发布专题预报，指出 21 日傍晚到夜间有暴雨，部分地区可能为大暴雨。根据天气预报和汛情会商结果，北京市防汛办提前向各区县政府、各防汛抗旱指挥部发出紧急通知，要求各单位加强值班，提前部署，做好泥石流易发区、危险房屋和在建工地等薄弱部位应对工作。同时，通过电视台、广播电台提醒市民做好雨天防范工作。北京市委、市政府主要领导亲自部署强降雨应对工作，并要求各级政府、各相关单位全力做好应对强降雨的各项工作。③

2012 年 7 月 21 日，北京市气象台连发多次预警。其间，北京市气象台向北京市委、市政府、市防汛办及交管局等有关部门发布重要天气报告 5 期；发布全市部分气象观测站雨量表及全市雨量分布图 18 次；把老的城八区细分为 100

---

① 北京减灾协会. 北京减灾年鉴：2011—2014[M]. 天津：天津大学出版社.

② 刘珺. 专家分析北京“7.21”暴雨倾城成因[EB/OL]. (2012-08-20)[2021-05-07]. http://www.weather.com.cn/zt/kpzt/1696692.shtml.

③ 杨进怀，丁跃元，刘大根. 北京“7·21”特大暴雨自然灾害的启示与对策思考[J]. 中国水利，2012(17)：29-31.

多个小区域，对100多个区域以及主要积水点进行内涝风险预报；与北京市地质研究所联合发布了地质灾害三级预警，并结合北京市特征，考虑地形、人口集中度、建筑群分布等因素，将可能致灾的风险划分成4级，直接提供给城市排水部门，便于排水部门提前进行部署和调度；针对灾情最重的房山区，房山区气象局采取每小时电话汇报1次、每3小时更新1次的方式向区委区政府汇报情况。除了对公众及相关部门发布天气预警之外，北京市气象局还针对积水问题，发布了内涝风险预警。①

此次洪涝灾害的发生，北京市气象部门对降雨强度和降雨时间的预报比较准确，防汛部门也及时发出预警，启动应急响应。此外，部门应急联动迅速启动。北京市政府和各区县政府也根据预报、预警信号级别及时反应，快速联动，提前采取措施积极应对，包括检查水位，检查防汛设备、抢险排水设施等。

3. 应急处置与救援阶段

（1）处置与救援

在北京市防汛指挥部、北京市水务局的统一部署下，各市属水管单位提前降低河湖运行水位。北运河提前降低北关枢纽和杨洼闸水位，腾出库容，在洪峰到来前，及时开启北关闸，保证与城区来洪错峰。

由于航班取消，机场快轨故障停运，出租车短缺，近8万乘客滞留首都机场。暴雨过后，城区道路相继发生塌陷、缓慢沉降、网裂等上千处损毁病害。面对暴雨，北京市全城进入应急防汛状态，交通、公安、消防、防汛、排水、医务等多部门迅速启动应急预案。在24小时内，北京市区道路积水基本排除；3天后，郊区高速公路部分路段的积水排除；1周后，暴雨造成的故障电网恢复供电。

北京市委于2012年7月22日召开应对"7·21"北京特大暴雨事件的专题会议，对防汛抢险工作提出明确要求：一是要以人为本，安全至上，千方百计组织好受灾群众安全转移；二是要充分发挥党员干部先锋模范作用，共产党员要站在一线；三是与解放军、武警官兵并肩作战，共同做好抢险、救灾工作；四是要做好群众转移安置工作，保证群众有饭吃、有水喝；五是做好灾后恢复和消毒防疫工作。

民间组织蓝天救援队经过与119指挥中心的沟通并接受派遣任务，2012年

---

① 专家全面解析北京"7·21"特大暴雨[EB/OL].(2012-07-24)[2021-05-07]. https://www.cma.gov.cn/2011xwzx/2011xqxxw/2011xqxyw/201207/t20120724_179483.html? from=singlemessage.

7 月 21 日，第一梯队 4 车 10 人携 2 艘冲锋舟、潜水装备、医疗救援装备出发赶往受灾现场。从 7 月 21 日至 23 日，京城暴雨中的蓝天救援队在房山区的暴雨救援中，共出动 101 人次，解救群众 288 人①。7 月 24 日，蓝天救援队又派出信息核实组，远赴十渡、野三坡调查各种信息，探寻是否还有受灾人员需要帮助。

防涝方面：为应对汛情，防止内涝，北京市排水集团，自来水集团及公安、公交等多个部门都参与了排水工作。其中，排水集团出动 1 381 人、340 台车，对全市 23 处严重积水立交桥区进行不间断抢排。全市共 78 个泵站、56 个下凹式桥区都有排水抢险人员备勤，还有 119 辆巡逻车随时巡逻。排水集团共配置了 18 组大型泵车，在收到天气预警时可开往 18 处重点易积水地区。② 尽管如此，北京市依然发生了严重的积水问题。

机场方面：首都机场迅速启动了大面积航班延误预案和防汛预案，力求最大限度减少航班延误。运行方面，首都机场重点对已登机的航班进行统计、排序、优先放行，对未登机的航班进行排序和相关保障。服务方面，及时增派"红马甲"服务人员，为旅客提供"一站式"的问询、指引以及其他保障服务；延长航站楼内店面的服务时间；为旅客提供免费的饮用水；协助航空公司为旅客流动发放机票退改签证明。

地铁方面：由于首都机场有部分旅客出港，地铁机场线延长运营 1 小时。此外，因暴雨，原定于 2012 年 7 月 29 日晚提前收车进行信号调试的 10 号线取消原计划，按照规定运营时间运营。截至 7 月 21 日，北京市地铁公司所辖线路的洞口、车场等场所共计排水 9 613 吨，车站铺设防滑垫 2 850 个，向乘客发放一次性雨衣近 3 万件。③

公交方面：2012 年 7 月 21 日，67 条公交线路受不同程度影响，采取了绕行、甩站、区间等运营调度措施。40 部公交抢修救援车部署在全市各枢纽站和重点线路，随时对涉水故障公交车进行抢修。1 000 余名安全运营专业人员在全市重点低空桥区和各线路积水路段巡查路况、疏导交通，100 辆应急运输公交车根据乘客滞留情况，随时投入运营。④

交管方面：北京市交管部门第一时间启动近两年来的最高级别雨天上勤方

---

① 从 7 月 21 日至 23 日，蓝天救援队解救群众 288 人暴雨中，他们挺起中国脊梁[EB/OL].(2012-07-26)[2021-05-07]. http://news.cntv.cn/20120726/102012.shtml.

② 气象先行部门联动抗击北京罕见强降雨纪实[EB/OL].(2012-07-22)[2021-05-07]. https://www.cma.gov.cn/2011xwzx/2011xqxxw/2011xqxyw/201207/t20120722_179236.html.

③ 同②.

④ 同②.

案，即雨天一级加强上勤方案，加大交通巡控疏导力度。各交通支大队领导全部出动上路巡查，7 000 余名交警全警上路，重点加强对高速公路、主要干道、山区道路、场站周边等重点道路和市区主要路口、路段、桥区、交通枢纽及易发生积水的点段的巡逻管控和秩序维护。①

2012 年 7 月 26 日，受国务院领导委托，民政部领导率国务院应急管理办公室、国家发展和改革委员会（简称发改委）、教育部、民政部、财政部、自然资源部、住房和城乡建设部、交通运输部、水利部、农业农村部、国家卫生健康委员会（简称卫健委）和气象局等 12 部门组成的国务院救灾工作组，赶到北京市房山区周口店镇和城关镇洪涝灾区，实地查看受灾情况，慰问受灾群众，研究进一步加大救灾工作支持力度的措施。

（2）舆情应对

暴雨灾害发生后，北京市委宣传部立即部署，通过传统媒体和互联网发布权威信息。北京市委宣传部、外宣办、市防汛办先后组织召开境外媒体情况通气会、救灾情况通报会和遇难人员情况通报会，及时、准确发布信息，澄清事实，解疑释惑，主动引导舆论。北京市新闻办、北京市消防、水润京华、平安北京、交通北京等与 16 个区县政务微博持续不断发送雨情信息、救援详情等，合力形成官方舆论场，继而影响民间舆论场，在舆论引导中占得先机。

中央和市属媒体及时发布市领导及相关职能部门抢险救灾措施、灾情预警信息、救灾信息，传递关爱温暖，政务微博及时发布各类信息，互为补充，互为支持，形成线上线下一致的发布态势。北京市领导指挥北京政务微博团队，第一时间介入，及时发布北京市委、市政府防灾救灾重大决策，回应民众关切，赢得民众信任，扭转了舆论态势；北京市委宣传部成立舆情组，搜集整合境内外媒体和互联网舆情，给指挥救灾提供了有力参考。

“7·21”北京特大暴雨事件获得了国内外媒体及社会公众的广泛关注。媒体发表了大量报道，普通公民也积极通过微博、微信等社交平台发布消息。在此期间，政府救援工作一直是网民持续关注的焦点话题。

从舆论走势来看，此次舆情应对可分为三个阶段：

一是舆论初级阶段（7 月 21 日—22 日），舆情内容以灾情和抢险报道为主。境内外媒体报道引用官方提供的事实和数据，态度客观，分析中立。舆论集中

---

① 气象先行部门联动抗击北京罕见强降雨纪实[EB/OL].（2012-07-22）[2021-05-07]. https://www.cma.gov.cn/2011xwzx/2011xqxxw/2011xqxyw/201207/t20120722_179236.html.

在排水系统、暴雨预警、地铁、房山灾情、京港澳高速积水和"北京精神"等方面。其中,7月21日的关注点是暴雨预警,7月22日的关注点集中于伤亡、损失情况和救援措施等。

二是舆论爆发阶段(7月23日—25日),随着官方新闻更新时间的延迟,质疑报道、新闻评论的声音明显增强,并于7月25日晚第二次新闻发布会后达到顶峰。7月23日,媒体报道量和网民搜索量均达到峰值,地铁、排水系统、"北京精神"三项的关注度最高,对高速公路积水的关注继续上升,尤其是开始对61年一遇暴雨下的北京排水系统产生怀疑;7月24日,网民对捐款、房山灾情、第二次预警的关注度均迅速上升;7月25日后,除对捐款、死亡人数的关注度继续上升以外,由于暴雨遇难人数久未更新,微博上开始出现关于死亡人数的不实传言,网民呼吁政府公布真实死亡人数。其他议题的关注度开始下降。

三是舆论平复阶段(7月26日后),北京市委、市政府第三次官方发布会更新了死亡人数和名单。北京市领导前往灾区悼念,公众质疑渐平,表达哀悼成为新的报道重点。7月26日北京市各相关部门及时回应质疑,晚间更新死亡人数,化解了网民猜疑,舆论热度开始降温。①

4. 事后恢复与重建阶段

(1) 恢复工作

按照北京市委、市政府统一部署,北京市及时成立了由相关部门组成的"7·21"北京特大暴雨事件善后工作领导小组,统筹谋划灾后群众生活安置和灾后恢复重建工作。

① 妥善安置受灾困难群众。通过发放棉被、毛毯、粮油、帐篷、床等生活必需物资,有效保障了受灾群众的基本生活。北京市有关部门在全市范围内发起了为"7·21"北京特大暴雨事件救灾捐款活动,并公布了捐赠账号,以实际行动参与到救灾工作中来。

② 及时抢修损毁道路和桥梁。组织交通、市政等部门,及时对损毁道路和桥梁等进行抢通和修复,保障救援和交通秩序的尽快恢复。

③ 加强地质灾害隐患排查。"7·21"北京特大暴雨事件发生后,为避免产生大的次生灾害,北京市组织有关部门和人员开展全面排查,对全市地质灾害

---

① 国家行政学院应急管理案例研究中心.应急管理典型案例研究报告:2015[M].北京:社会科学文献出版社,2015.

隐患点挂牌警示，专人值守，对重大安全隐患及时治理。

④ 认真做好总结反思。北京市政府对此次灾害应对过程中采取的措施，开展全方位的总结和反思，查找问题和不足，全面完善防灾减灾相关的政策制度，大力提高综合应对自然灾害的能力，确保人民群众的生命财产安全。

(2) 重建措施

“7・21”北京特大暴雨事件发生后，北京市政府采取了一系列工程和非工程措施。

① 全面开展北京市城市水利建设的排险加固工程。采取措施进行城市内涝整治，例如开展中小河道防洪达标治理和小水库等除险消隐、雨水集蓄利用和城乡立交桥雨水泵站及下凹桥改造、雨水调蓄池改造等工作，加快污水、再生水处理设施及其配套管网建设与改造，完善农村水利工程体系，从而消除城市内涝隐患。

② 加强生态环境的改善治理。近年来，北京市在平原地区实施造林工程，在流域上完善了全市防洪体系和水资源利用体系。

③ 大力开展雨洪利用和排水管网系统的建设。在雨洪利用方面，北京市政府致力于利用砂石坑建设蓄滞洪区，规划建设地下蓄水池，推广透水铺装，建设低洼草坪绿地，建设下凹式绿地及蓄滞洪区。在排水管网建设方面，北京市政府致力于统筹道路系统与排水设施、小区域城市排水管网、河道治理与管网建设，改造雨水旧沟和雨污水合流管道，改造雨水泵站，建设雨水调蓄池，排查处理新增积水点。

④ 调整雨水系统规划设计重现期，将北京市雨水系统标准提高至国家规范标准的上限。一般地区采用“3 年一遇(降雨强度为 50 毫米/小时)”，重点地区为“5 年一遇”(降雨强度为 56 毫米/小时)，立交泵站重现期不低于 5 年一遇[①]。

⑤ 发布《加强雨水利用工程规划管理有关事项的通知》，规定每万平方米硬化面积配套建设不小于 50 立方米的雨水调蓄设施，并规定广场、人行街道等透水铺装材料比例不能小于 70%。[②]

⑥ 在非工程措施上，开始注重统一规划和水系建设的顶层设计，尤其是协调处理防洪减灾与区域经济社会发展的关系。

---

① 马洪涛，王军，张晓昕，等. 北京市雨水系统规划设计重现期研究[J]. 给水排水，2013，39(5)：50-55.

② 孔锋，王一飞，吕丽莉，等. 北京“7・21”特大暴雨洪涝特征与成因及对策建议[J]. 人民长江，2018，49(S1)：15-19.

三、案例教学参考

（一）教学目标

（1）帮助学生了解城市自然安全事件的概念、特点以及我国城市自然安全事件的主要种类。

（2）引导学生思考北京市应对“7·21”北京特大暴雨事件的经验与启示，以及对城市自然安全事件应对措施的看法。

（3）让学生了解突发性事件的预防机制以及正确快速进行舆论应对的重要性。

（二）课前准备

1. 教师

（1）在理论学习进展到一定阶段时，预告后期案例教学的开展时间，提前下发案例文本和相关材料，布置案例教学任务，留出一段时间让学生搜集资料进行课前准备。

（2）结合公共安全与应急管理中有关自然安全事件应对的知识，设计案例教学的启发思考题目。这些题目是案例文本中所提到问题的进一步引申，文本中所提到的问题具有特殊性，课堂上提出的思考题更有普遍性。

（3）在设计整个案例教学的环节和时间安排上，确保紧凑而高效地在既定时间内完成案例教学以及解答学生可能提出的疑问。提前考虑课堂上在不属于教师控制部分可能发生的非常状态，例如学生在讨论发言阶段过于热烈或者冷场时，怎样进行现场调节。

（4）多搜集主题案例的同类案例或案例中的同类做法，从个性到共性逐步过渡。讲课时将这些案例穿插进去，提高课堂的信息量、生动性，并启发学生用更开阔的视野去思考案例中遇到的具体问题。

（5）要将传统教学手段与多媒体技术有机结合，向学生充分展示事件的整个发展过程。可以利用多媒体设备播放相关新闻报道视频；画出事件的关键点发展图；指导学生上网查找相关资料，进行事件调查；结合教学内容，建立研究小组，对感兴趣的内容进行研究；指导学生写出小型调查报告，并向老师、同学进行汇报。

2. 学生

（1）提前自行阅读案例，并追踪案例在现实中的最新发展。例如：十年之后的北京，有了什么新变化。

（2）提前搜集准备案例相关的应急管理知识，例如预防机制、舆情应对等。

（3）提前思考案例中存在的一些问题，尝试寻找答案（包括理论上的答案和现实解决方案），并在课堂中提出。

（三）案例导入

运用多媒体投影仪播放5～10分钟有关“7·21”北京特大暴雨事件的视频。询问学生是否知道这场自然灾害以及观影感受，邀请了解这场自然灾害的学生讲述自己知道的除视频之外的其他信息，并询问获知途径。让学生分组，每小组用一句话总结对此次灾害的看法。学生的每次发言都记录并回应，邀请学生一起带着问题探究此案例。

（四）要点分析

1. 预防在城市自然安全事件中的重要性

突发城市自然安全事件往往会造成巨大的人员伤亡和财产损失，《中华人民共和国突发事件应对法》第五条明确规定：突发事件应对工作实行预防为主、预防与应急相结合的原则。可以让学生试着说说在此类突发事件中预防的重要性。

面对城市自然安全事件，坚持以“预防为主，预防与应急相结合”的原则，具体可以从以下几个方面入手。

（1）重视加强城市基础设施建设

城市基础设施涵盖道路交通、给排水、电、通信、煤气、热力、机场、港口、码头、消防、医疗救护等，这些城市基础设施建设也被称为城市生命线工程。城市基础设施因其本身比较脆弱，在突发自然灾害发生时易受到侵袭，产生损坏。故应该统一规划，适当提高其防灾抗灾能力。在城市现代化建设中，在高楼大厦建设的同时，也应该注意城市基础设施的完善和统一规划。许多城市的基础设施建设标准需要适当提高，以满足抗灾减灾和今后发展的需要，或者留有发展余地，以利于今后扩容和改造①。防灾减灾应当是一项综合性工程，不能“头痛医头，脚痛医脚”。要深挖根源，综合治理，防治结合，真正把防灾减灾工作当作百年大计来抓，当作民心工程来做，如此方为治本之道。

（2）健全突发自然安全事件预警机制

建立灾害监测预报预警体系是应对灾害的基础。灾害监测预报预警体系

---

① 韩新，从北华．超大城市公共安全风险防控的主要挑战：以上海市为例[J]．上海城市管理，2019，28(4)：4-10．

的能力反映综合防灾减灾的水平。运转良好的灾害信息系统和应急系统对减轻灾害和制止灾害蔓延特别重要。一个健全的灾害监测预报预警体系如果能对即将来临的灾害进行及时预警,无疑会减轻灾害的严重程度。财产及人员伤亡减轻的程度取决于预警的准确性、预警和灾害发生之间的时间间隔以及灾前的准备情况。

(3) 让应急预案“活”起来

公共危机应急救援预案转化能力亟待加强。目前,我国已经形成了较为健全的应急预案体系,但是如何将预案落到实处,真正发挥作用还有很长的路要走。预案只有在系统、综合考虑各方致灾影响因素的基础上进行编写,才能具有现实意义,才能在突发城市自然安全事件来临时具有指导意义。城市自然安全事件的发生具有概率极低、实践经验极少等特点,因此更加需要一个全面、健全、完善以及具有指导意义的应急预案。

(4) 增强公众对突发自然安全事件的避险意识

由于自然安全事件发生的概率极低,城乡居民其实并没有太多应对各类突发自然灾害发生的实践经验,也没有太强的防灾避险意识,公众对相关预警信号的含义并不十分了解。因此,政府发出的一些预警信息可能难以引起公众的高度重视。这就要求政府增强与公众的互动沟通,强化防灾减灾宣传教育,全面增强公众的防灾避险意识,向公众普及各类突发自然安全事件的知识,做到防灾减灾知识“进学校、进单位、进社区、进家庭”,增强公众的防灾危机意识和责任意识,加强防灾避险演练,提升公众防灾减灾、避险自救的能力。同时建立完善预警发布平台和防灾避险预警发布联动机制,扩大自然灾害预警发布覆盖面。

2. 面对突发城市自然安全事件的舆情应对策略

城市自然安全事件发生时,及时准确的舆情应对与应急救援同等重要,具体可以从以下几个方面着手。

(1) 重视政务微博的舆论引导

在自媒体时代,必须树立舆论先行、舆情引导意识。突发事件发生后,在积极开展救灾应急处置的同时,要实时开展信息传播和舆论引导,增强信息传播的时效性和透明度。① 政府应当牢记,政府与公众是一起的,应共同面对城市自

① 蒲红果.借助微博提高舆论引导的传播力和有效性:以北京“7·21”特大自然灾害舆论引导为例[J].新闻与写作,2012(8):5-8.

然安全事件。在政务微博上发表观点时,应该尽量以公众视角体察公众的实际需要,真正清楚公众想要的是什么,需要的是什么。除此之外,还应开展更加多样化、有影响力、有传播力的微博宣传活动。

(2) 发挥各方微博意见领袖的作用

应培养具有大局观意识、社会责任感强、学术功底深厚和具有一定理论高度的意见领袖队伍,使其能够在热点话题和热点事件出现时主动承担起澄清事实、揭露真相的责任,从而调节公众的情绪,使其理性、科学地看待问题,不听传言、不信谣言。同时,还应利用官方微博发布政务信息、搜集社情民意、加强舆论监督。各级党政领导干部可通过微博与公众加强交流和沟通,听取公众意见,提升自我形象。

(3) 建立健全突发事件新闻发布机制

首先,要建立信息传播高效指挥体系。要从情况搜集、舆情分析、公关策划、应急处置、回应关切、主动发布、跟进发布、辟谣澄清、联动解决等多环节推进工作。其次,要建立信息长效传播渠道。借鉴以往突发城市自然安全事件舆情应对的经验,建立常设的新闻中心,培养专业团队,启用联动机制,统筹突发事件舆情处置。再次,完善微博舆情会商机制、信息通报机制、协同引导机制、联席会议机制、联合办公机制、联合执法机制等六大机制,形成体系,提高运行效能①。最后,要建立信息传播长效公关机制。设立专业公关团队或智库,参与核心决策。

(4) 增强新闻发言人与媒体妥善交流的能力

现如今,媒体在政府公共管理中的位置越来越重要。新闻发言人若缺乏必要的媒介素养,则难以承担相应的重任。善于同媒体打交道,有效借助媒体真实、准确地发布消息,积极引导社会舆论,保持社会稳定,维护国家安全等,是信息时代每位领导干部所必须提升的领导力和必须运用的领导艺术②。提高新闻发言人的媒介素养,既可以在突发事件发生时做好信息发布,树立良好自我形象,也可以让各级党政领导干部通过微博占领舆论高地,与公众加强直接交流和沟通,听取公众意见,回应公众质疑,引导社会舆论,化解社会矛盾。

---

① 刘波.公共突发性事件中微博舆论场域的生成与引导:从北京"7·21"特大自然灾害到钓鱼岛事件[J].中国党政干部论坛,2013(4):76-80.

② 孙菲.公共危机治理中的网络舆情引导困境与解决理路[J].福建论坛(人文社会科学版),2020,12(12):184-192.

（五）课堂组织

教师应根据案例所涉及的内容，对内容分课时进行安排。教师对案例所涉及的概念、主要内容、现状问题引导学生分析，此需 1 课时。教师对每部分内容进行分析，引导学生对案例进行讨论，针对案例及案例相关问题的回答及讨论，此需 1 课时。学生对讨论结果进行汇报，其他同学点评并提出疑问，教师补充重要的遗漏知识点、纠正学生的认识误区，此需 2 课时。

（六）延伸思考

（1）什么是自然灾害？自然灾害有什么特点？

（2）自然灾害危机治理的对策思路有哪些？

（3）谈谈突发自然安全事件预防机制的重要性。

（4）如何看待舆情处理与危机应对二者之间的关系？

3

第三章

城市生态安全

一、城市生态安全事件

(一) 城市生态安全事件的概念

1. 生态安全的概念

广义的生态安全多以国际应用系统分析研究所提出的定义为代表。生态安全是指，在人的生活、健康、基本权利、生活保障来源、必要资源、社会秩序和人类适应环境变化的能力等方面不受威胁的状态，包括由自然生态安全、经济生态安全和社会生态安全所组成的一个复合人工生态安全系统。狭义的生态安全是指，自然和半自然生态系统的安全，即生态系统完整性和健康的整体水平反映；是指一个国家或地区生存和发展所需的生态环境处于不受或少受威胁的状态，即自然生态环境能满足人类和群落的持续生存和发展需求，而不损害自然生态系统的潜力。

2. 城市生态安全的概念

城市生态安全有广义和狭义之分。广义的城市生态安全是指，城市既不会发生生态风险也不受任何潜在生态风险威胁的状态，即城市实现生态和谐或可持续发展的理想化状态。狭义的城市生态安全是指，城市基本不发生人为导致的生态风险事故或在发生无法避免的生态风险事故时具有较强适应能力和恢复能力的状态。狭义的城市生态安全承认在现代社会中存在不可避免的生态风险事故和威胁，认为现代人类的发展对于生态环境的冲击是不可避免的，从而重点关注制约城市生存和发展安全的重大生态安全风险，并勾画城市发展和建设的生态底线。

3. 城市生态安全事件的概念

城市生态安全事件主要是指，造成或者可能造成城市环境和生态条件(例如食物、居室、大气、水环境、交通及生物环境等)恶化，对市民的身心健康、生命支持系统的发展、社会经济的发展和城市可持续发展产生威胁和风险的事件。城市生态安全事件主要包括城市环境污染事件和自然资源破坏事件。

(二) 城市生态安全事件的成因

1. 城市环境污染

城市环境污染主要包括城市水污染、城市大气污染、城市固体废弃物污染、城市土壤污染和城市噪声污染等。

城市水污染指城市居民在生产和生活过程中将有害或有毒物质排入水体的数量超出水环境容量,使城市水质状况变差,对城市生态系统产生不良影响的现象。城市水污染主要包括生活水污染和工业水污染。城市水污染产生的原因主要有两种:一是城市居民生活污水,包括城市生活中厨房、浴室和厕所排出的污水;二是工业废水,包括生产废水、生产污水等。

城市大气污染指城市居民在生产和生活过程中向大气排放的污染物浓度超过了大气环境容量,使大气质量恶化,对城市生态系统产生不良影响的现象。城市大气污染产生的原因主要有三种:一是生活污染,主要是城市居民的生活或取暖排放的煤烟对大气造成的污染;二是工业企业污染,主要是燃料的燃烧和工艺废气的排放对大气造成的污染;三是交通运输污染,主要是汽车等交通工具排放的尾气对大气造成的污染。

城市固体废弃物污染指居民在生产和生活过程中产生的固态、半固态废弃物质,对城市生态系统产生不良影响的现象。城市固体废弃物污染产生的原因主要有三种:一是生活污染,主要是城市居民在生活中产生的废弃物;二是工业生产污染,主要是工业生产过程中排放的废料、废渣等固体废弃物;三是建筑施工污染,主要是在建筑过程中产生的废石、废渣等固体废弃物。

城市土壤污染指居民生产、生活活动产生的有害物质进入土壤,当其含量超过土壤本身的自净能力而使土壤质量下降,对城市生态系统产生不良影响的现象。城市土壤污染产生的原因主要有三种:一是污水灌溉,包括生活污水和工业废水中含有重金属、酚、氰化物等有毒有害物质会污染土壤;二是大气污染,包括工业废气、有毒气体通过沉降或降水进入土壤,对土壤造成污染;三是固体废弃物污染,包括城市生活垃圾和工业废弃物不易被土壤微生物分解,会对土壤造成污染。

城市噪声污染指城市中产生的影响居民学习、工作和休息的声音,对城市生态系统造成不良影响的现象。城市噪声污染产生的原因主要包括三种:一是生活噪声污染,例如商家进行的宣传活动、在公共场合举办的娱乐项目等产生的噪声;二是工业噪声污染,例如工业生产过程中各类机械产生的噪声;三是交通噪声污染,例如交通工具在运行过程中由于发动机振动、鸣笛或与地面之间剧烈摩擦等而产生的噪声。

2. 自然资源破坏

城市自然资源主要包括水资源、土地资源和生物资源。由于自然及人为原因,城市自然资源可能会遭到破坏,从而引起水资源短缺、土地荒漠化、植被破坏、生物多样性减少等。

水资源短缺主要是指水资源的供给小于需求所导致的供不应求的状态。水资源短缺主要包括两个方面,一是水量不能满足需求,二是水质不达标,难以满足需求。水资源短缺的原因主要有以下五种:一是全球气候变暖、降水量减少、蒸发量增加。二是对水资源的需求增加。随着城市大规模发展,居民生活及城市建设对水资源的需求增加。三是地下水开采不当。很多城市没有河流流经,只能开采地下水来供应城市用水,地下水的开采不当或过度开采造成水资源短缺。四是水污染。水污染造成很多水资源无法被利用。五是水资源浪费。居民缺乏节水意识、工业用水循环利用率低,都会造成水资源的浪费,进而加重水资源短缺。

依据《联合国防治荒漠化公约》,土地荒漠化是指,在自然因素与人为因素的相互影响下,干旱区、半干旱区与亚湿润干旱区的土地逐渐退化的现象。一般情况下,城市发生土地荒漠化的情况比较少见。城市土地荒漠化产生的原因主要有以下三种:一是降水减少,气候干旱。严重的气候干旱导致土地退化。二是植被破坏。不合理的城市建设规划使得植被破坏,加大了对土地资源利用的压力,导致了土地的荒漠化。三是水资源的不合理利用。

植被破坏是指去除植被或破坏植被。城市植被破坏的原因主要包含两个方面:一是自然原因,例如洪涝灾害、土质质量下降、生态环境脆弱等导致植被生长受阻。二是人为原因,例如城市规模扩大、不合理的城市建设等。

生物多样性是指一定范围内动物、植物、微生物等多种多样活的有机体有规律地结合构成稳定的生态综合体。生物多样性减少的主要原因:一是大面积森林采伐、火烧;二是草地过度放牧和垦殖;三是生物资源的过分利用;四是工业化和城市化的发展;五是外来物种的大量侵入。

(三)我国城市生态安全现状

2020 年国家统计局的相关调查结果显示,公众对生态环境的满意度达到了 89.5%,比 2017 年提高了 10.7 个百分点。在大气环境质量方面,2020 年全国地级及以上城市优良天数比例达到了 87.0%,比 2015 年增长了 5.8 个百分点。$PM_{2.5}$达到了 37 微克/立方米,比 2015 年下降了 28.8%。在水环境质量方面,全国地表水优良水体比例由 2015 年的 66.0%提高到了 2020 年的 83.4%;劣Ⅴ类水体比例由 2015 年的 9.7%下降到了 2020 年的 0.6%。在土壤环境质量方面,全国受污染耕地安全利用率和污染地块安全利用率双双超过 90%。[①] 在生

① “十三五”期间公众对生态环境满意度高达 89.5%[EB/OL].(2021-08-27)[2021-09-01]. http://www.rmzxb.com.cn/c/2021-08-27/2943352.shtml.

态环境状况方面，全国森林覆盖率 2020 年达到了 23.0%，自然保护区以及各类自然保护地面积占到陆域国土面积的 18.0%。另外，在应对气候变化碳减排方面，2020 年单位 GDP 二氧化碳排放量比 2015 年下降了 18.8%。① 根据《2020 年中国生态环境状况公报》的数据，我国在大气、水源、气候变化与自然灾害等方面仍存在较大提升空间，2020 年全国生态环境状况指数值为 51.7，生态质量一般，生态质量优和良的县域面积占国土面积的 46.6%，一般的县域面积占 22.2%，较差和差的县域面积占 31.3%。② 由此可知，我国城市生态安全治理依然任重道远。

二、案例资料：秦岭违建别墅事件

（一）事件背景

在绿树成荫的秦岭之中，隐藏着座座神秘别墅。别墅主人到底是谁，又凭什么拥有在国家生态环境保护区伐树建屋的权力？一场圈地违建别墅问题长达四年竟然无解，一栋地方上的违章建筑为何惊动中央？习近平总书记四年里就同一问题作出六次批示，西安市纪检监察系统 1 500 余名干部紧急出征，对 4 187 套别墅套套入户摸排，800 余人次使用监察措施，2 700 余人次被谈话。③

（二）事件始末

1. 生态秦岭，惊现神秘别墅

“一座秦岭山，半部中国史”。秦岭是我国南北方气候的分界线和重要的生态安全屏障，具有调节气候、保持水土、涵养水源、维护生物多样性等功能。

在西安市鄠邑区（原户县）秦岭保护区内，有一处隐蔽在山脚下的违建别墅，其奢华程度令人咋舌。别墅背山而建，整体是一处具有园林特色的中式仿古别墅，前后均开凿有人工湖，占地约 20 亩（1 亩≈666.67 平方米），历时近 4 年建成。别墅正门悬挂着写有“望重成均”的红匾，院落布局精致，装饰考究，青石铺道，内院共有 98 个磨盘、26 对石鼓及大量石雕拴马桩，院内砖雕照壁呈现出一幅“松傲冬雪，鹤舞春风”的画面，别墅中的一棵国槐，经专家鉴定已经有

---

① 生态环境部部长黄润秋国新办新闻发布会答记者问[EB/OL].（2021-08-19）[2021-09-01]. http://stzg.china.com.cn/2021-08/19/content_41649814.htm.

② 生态环境部. 2020 年中国生态环境状况公报：摘录[J]. 环境保护. 2021,49(11):47-68.

③ 西安完成秦岭北麓违建别墅专项整治[EB/OL].（2019-01-25）[2021-05-05]. https://www.cnr.cn/sxpd/shgl/20190125/t20190125_524493655.shtml.

500多年树龄。院内有3棵皂角树，树身直径最长的有1米多，最短的也有六七十厘米。后院有2对有年头的石狮把门，4只石狮雕刻得栩栩如生，霸气无比。此外，别墅大厅还有尊高达2米有余的黄花梨达摩像；文化墙上还挂着书画大家范增的《八骏图》，豪华程度可想而知。最终，陕西省文物部门鉴定出现代工艺品26件、文物211件，其中可流通文物30件，不可流通文物181件；三级文物3件，一般文物178件。除了豪华外，别墅占地面积也令人吃惊，不同于商业地产项目，此别墅虽是一座私人别墅，但是占地面积十分庞大。2008年8月，经过近4年的施工和装修，别墅才终于建设完毕，共建成砖混建筑1栋1层，另有鱼塘2处，其他建筑3处，单是1处狗舍面积就达78.03平方米。①

2. "过关斩将"，别墅拔地而起

(1) 名为苗圃，实建别墅

西安市鄠邑区C村是一个坐落在秦岭脚下、离西安市区仅有1个多小时车程的小村落，属于秦岭北麓适度开发区。2005年，一位叫支某的人看上了该村的一块地，想和村里签协议租下来，做一个苗圃绿化项目。

从该村一位村干部提供的土地租赁合同中可以看到，合同的甲方是C村，乙方是支某。该土地租赁合同显示，乙方租赁甲方土地用作园林绿化、盆景、栽培或其他(无污染、无噪声)经营活动，租赁期为70年，总租赁费用73.5万元。②

2005年年底，该项目开工建设。不过村民们很快发现，合同中所说的苗圃不过是个幌子，实际上建的却是一栋别墅。

(2) 豪华别墅，竟为非法

豪华的建筑，地基却来得不明不白。C村多位村民称，别墅占用的土地是他们的基本农田。当地国土资源部门的测绘，印证了村民们的说法。2018年9月初，经国土资源部门现场测绘，这宗土地占地9 409.05平方米(约14.11亩)，建筑物及附属设施占地3 604.27平方米(约5.4亩)。③

经过与该别墅所在镇的土地利用总体规划图(1997—2010)对照得知，别墅所占地全部为基本农田，越过了"红线"。另外，该地块还没有国土资源等部门的审批手续，属于非法占用农用地。

---

① 中国新闻周刊. 秦岭超级别墅酒窖里都是茅台五粮液 神秘"主人"是他[EB/OL]. (2018-11-13)[2021-05-07]. https://finance.china.com/cfgs/13001622/20181113/34414073.html.

② 同①.

③ 同①.

既然这座别墅占地全部为基本农田，为何村里还要违法签订70年的合同呢？

当时在合同上签字的负责人称，乙方当时说是做绿化的项目，签字是经村民开会讨论后决定的。这个说法看似还有些合理之处，毕竟是村民讨论后民主决定的事情，不过事情往往还不会这么简单。

据该村一位村干部称，村里耕地本来就少，人均不到1亩地，所以该项目占用耕地一事，很多村民持反对意见，有些村民根本不同意村里签合同。

村民不同意，合同依旧照签不误，除了村里涉嫌违法与支某签订租赁合同以外，从相关法律条文看，乡镇一级政府也涉嫌失察。

《中华人民共和国农村土地承包法》第五十二条规定：发包方将农村土地发包给本集体经济组织以外的单位或者个人承包，应当事先经本集体经济组织成员的村民会议三分之二以上成员或者三分之二以上村民代表的同意，并报乡（镇）人民政府批准。由本集体经济组织以外的单位或者个人承包的，应当对承包方的资信情况和经营能力进行审查后，再签订承包合同。

3. 山雨欲来，违建别墅惹关注

（1）事件曝光，拆建复耕

2018年8月5日，《财经》杂志在其刊发的一篇秦岭违建别墅报道中，提及C村这所超大违建别墅，报道称，一栋“花费近4年时间建成”的别墅占地约20亩，院内装饰昂贵。

随着这篇报道，该超大违建别墅进入公众视野，并引发坊间诸多猜测。

2018年8月6日，微信公众号“秦記[①]壹号”发布文章，对《财经》杂志报道中提及的这处别墅进行了详细描述，并配发院内大量图片。该文章阅读量迅速突破10万，引起广泛关注。

中央工作组、陕西省委、陕西省纪委和西安市委高度重视此事，2018年8月8日，西安市纪委迅速成立专案组，进行全面审查调查，区、镇、村三级派人24小时轮流值守，以防有人擅自拆除其中的建筑或对其中物品进行搬离。50多天后，9月29日，大型挖掘机、降尘车等机器开进C村，这座存在了10年之久的超大违建别墅，走到了尽头。

另外，石井镇责令C村及相关村民小组与支某解除土地租赁合同，对园林植被予以没收，连同土地一起退还集体。

---

① 記，为记。

截至2018年10月22日，该别墅范围内种植的桂花树、皂角树等名贵树木依然还在，别墅主体建筑的旧址上已种植了百余棵白皮松，多台车辆正在运土作业。施工人员称，他们正在填埋别墅内的鱼塘。

(2) 政府表态，彻底整治

在秦岭违建别墅事件上，鄠邑区、西安市和陕西省表态都非常强硬。例如，对违建别墅无论涉及谁，无论采取什么样的形式，都要进行彻底清查，彻底整治。又如，不管是什么权力背景、金钱背景，还是其他的什么特别背景，都要依法拆除、严肃查处；对发现的违法违纪问题，侵害群众利益的、搞特权的，不管涉及谁，都将坚决依法依规，一查到底，决不姑息。再如，无论是谁，无论职务多高、权力多大，无论是公职人员还是非公职人员，无论是在岗还是调离、转岗、退休，只要存在违法违纪问题，都必须严肃查处、严肃问责，绝不迁就，决不姑息。

(3) 违建别墅，远不止一个它

秦岭违建别墅事件就此落下帷幕。但是，正如它不是第一座在秦岭违建的别墅，它也不是最后一座在秦岭违建的别墅。一段时间以来，秦岭不断出现违规、违法建设的别墅，中央虽然三令五申、地方也出台多项政策法规，要求保护好秦岭生态环境，但是还是有很多人盯上了秦岭的好山好水，试图将"国家公园"变为"私家花园"，严重破坏了生态环境，2014年3月，秦岭违建别墅破坏生态环境情况已经多次被媒体曝光，到2018年专项整治，共调查出1 194栋违建别墅。① 从2014年习近平总书记就整治秦岭违建别墅事件进行第一次批示，到2018年秦岭违建别墅却依旧禁而不绝，整治过程坎坷丛生。

4. 深入调查，问题严重

(1) 别墅问题，由来已久

秦岭违建别墅问题由来已久，公开报道显示：秦岭违法建筑始于2003年，违法建设者对山体肆意破坏，生活污水随意排放，有的甚至把山坡人为削平，随意圈占林地，对生态环境的破坏十分严重。十多年间，秦岭违建别墅事件愈演愈烈，从2014年到2018年这四年期间，习近平总书记总共进行六次重要批示，一直在督促陕西省、西安市就秦岭违建别墅事件进行彻底整治，相关人员也将整治材料报送中央。

---

① "秦岭违建"被彻底整治的启示[EB/OL].(2020-04-02)[2021-05-05]. http://sd.people.com.cn/n2/2020/0402/c362710—33922773.html? from=singlemessage&isappinstalled=0.

（2）第一次批示，落实不足

2014 年 5 月 13 日，习近平总书记就秦岭违建别墅事件作出第一次重要批示，要求陕西省委、省政府主要负责同志关注此事。然而，对中央的工作部署，对习近平总书记的重要批示，陕西省和西安市有些领导落实不足，为后来秦岭违建别墅事件整而不治、禁而不绝埋下了隐患。

虽然早在 2014 年 5 月 17 日，西安市就接到习近平总书记的重要批示件，但是，直到 20 多天后的 6 月 10 日，才成立秦岭违建别墅事件调查小组。对习近平总书记的重要批示，主要领导应该严格贯彻执行，但是事实上，陕西省委、省政府以及西安市委、市政府的一些领导并没有严格贯彻执行。相关调查小组用了一个月的时间对秦岭违建别墅进行了清查，并在 2014 年 7 月向西安市进行了反馈：经过全面清查和各区县党政领导层层签字背书确认，秦岭违建别墅底数已彻底查清，共计 202 栋。①

（3）数字造假，真相迷离

事实上，秦岭违建别墅的实际数字远远超过 202 栋，在该数据出炉时，有上千栋连片违建别墅被遗漏在外。这 202 栋违建别墅大多数是农民自建的违建别墅。比如这其中有 20 栋，就是由国土资源部门已经做出行政处罚的农民违建的自建房，所以说“202”事实上就是一个拼凑而成的结果。习近平总书记在 2014 年的 10 月 13 日，作出第二次重要批示，要求务必高度重视，以坚决的态度予以整治，以实际行动遏止此类破坏生态文明的问题蔓延扩散。

（4）整治机械，督察不实

在清查阶段，大量违建别墅被排除在外；到了整治阶段，一些负责人依然把整治范围机械地框定在前期确定的 202 栋之内。

个别政府工作人员对秦岭违建别墅事件不察实情、不出实招、不办实事、不求实效。针对这样的问题，从 2015 年 2 月到 2018 年 4 月，习近平总书记又先后作出三次重要指示批示。其中，2016 年 2 月，在对祁连山自然保护区和木里矿区生态环境综合整治作的重要批示中，就专门提到秦岭违建别墅事件，并且强调对此类事件，就要扭住不放、一抓到底，不彻底解决绝不放手。

（5）第六次批示，严查严治

2018 年 7 月，习近平总书记对秦岭违建别墅事件再作批示：首先从政治纪

---

① 揭开整治秦岭违建别墅幕后故事：多名干部上镜作（应为“做”）检讨[EB/OL].（2019-01-10）[2021-05-05]. http://fanfu.people.com.cn/n1/2019/0110/c64371-30515412.html.

律查起，彻底查处整而未治、阳奉阴违、禁而不绝的问题。这是习近平总书记针对这个问题的第六次重要批示。2018 年 7 月下旬，中央专门派出专项整治工作组入驻陕西省，与当地省、市、区三级政府联合开展针对秦岭违建别墅的整治行动。2018 年 7 月 31 日起，一场雷厉风行的专项整治行动在秦岭北麓西安境内展开：违法建设别墅查清一栋拆一栋，然后复绿复耕；清查出 1 194 栋违建别墅，其中依法拆除 1 185 栋、依法没收 9 栋；网上流传甚广的支某别墅全面拆除复绿；依法收回国有土地 4 557 亩、退还集体土地 3 257 亩；实现了从全面拆除到全面复绿；一些党员干部因违纪违法被立案调查。2018 年 11 月，习近平总书记主持召开中央政治局常务委员会会议，强调要加强党的政治建设，严明党的政治纪律，克服形式主义、官僚主义，反对空谈、倡导实干，扎实推进党风廉政建设和反腐败斗争。①

5. 官员落马，教训深刻

西安市纪委监委表示，西安市坚决打赢“秦岭保卫战”，全市纪检监察系统 1 500 余名干部紧急出征，奔赴专项整治现场，入户摸排别墅 4 187 套，使用监察措施 800 余人次、谈话 2 700 余人次。西安市纪委监委配合陕西省纪委监委，严肃查处多名领导干部严重违纪违法问题，对秦岭生态环境保护管理委员会办公室(简称秦岭办)其他相关 31 人采取留置措施。②③

至此，秦岭整片的违建别墅整治落下帷幕。习近平总书记作出六次重要指示批示，扭住不放清顽疾，亲力亲为治乱象，一抓到底正风纪。2019 年专题片《一抓到底正风纪：秦岭违建整治始末》横空出世，向大众详细披露了秦岭违建别墅事件的整治始末。事情渐渐完整地呈现在大众面前，历经四年，中央投入大量人力物力，秦岭违建别墅事件得以平息。

（三）后续影响

秦岭大规模违规建筑的曝光让人们不禁对自然生态面临的状况表示担忧。与此同时，秦岭违规建筑得以多年存在，六次指示下发却不得根治的情况也对政治生态提出警示。2019 年 1 月 14 日西安日报发表要闻《汲取违建别墅教训，

① 揭开整治秦岭违建别墅幕后故事：多名干部上镜作(应为“做”)检讨[EB/OL].(2019-01-10)[2021-05-07]. https://www.chinanews.com/gn/2019/01-10/8725596.shtml.

② 牢记嘱托 迈上新征程：忠诚干净担当！西安扎实落实全面从严治党[EB/OL].(2019-02-24)[2021-05-07]. https://www.thepaper.cn/newsDetail_forward_3032370.

③ 陕西西安正风反腐立案 4 088 件处分 3 697 人[EB/OL].(2019-01-23)[2021-05-05]. http://fanfu.people.com.cn/GB/n1/2019/0123/c64371-30587515.html.

呵护秦岭北麓生态》表示《一抓到底正风纪：秦岭违建整治始末》新闻专题片在全市引起强烈反响，西安市各级领导观看此片并发表感言，强调做好党员干部的政治纪律问题，坚决守住秦岭北麓生态红线。

此次事件发生后，中央加大对秦岭的生态保护力度，2019年9月27日陕西省修订《陕西省秦岭生态环境保护条例》。修订后的条例实施以来，秦岭生态环境保护工作取得明显进展。此外，陕西省秦岭生态环境保护法规体系初步建立，长效机制逐步形成。财政保障力度方面，设立省级秦岭生态环境保护专项资金3亿元、秦岭生态建设引导基金1亿元，用于支持秦岭采矿区修复治理、生物多样性保护等。所在市县均设立了秦岭生态环境保护专项资金。考核机制方面，将秦岭生态环境保护纳入年度目标责任考核体系，不断完善自然资源资产离任审计和生态环境损害责任终身追究制度。此外，陕西省还挂牌成立了大熊猫国家公园陕西省管理局等机构，秦岭国家公园也纳入全国国家公园总体布局。重点整治方面，陕西省持续推进秦岭"五乱"（乱搭乱建、乱砍乱伐、乱采乱挖、乱排乱放、乱捕乱猎）问题专项整治、矿山生态环境修复治理、尾矿库安全运行、农家乐环境整治等工作。2018年8月以来，查处秦岭区域未批先建、非法占地、批小建大等各类违规建设，整治违建问题4 171个，查处乱砍滥伐案件326起，完成秦岭地区矿权退出73个，整治乱排乱放砂土弃渣问题624个，拆除违建农家乐324户、关闭1 267户，查获乱捕乱猎国家一级、二级重点保护动物及其制品544只（件）。执法监管方面，全面推行网格化监管，配备四级网格员6 842名，加快建设秦岭生态环境保护信息网格化监管平台。同时，加大涉秦岭违法行为的查处力度，2019年1月至2020年11月，共侦办各类破坏秦岭生态环境违法犯罪刑事案件739起，抓获犯罪嫌疑人995人，打掉犯罪团伙41个。① 保护秦岭，成为从中央到地方都极力关注的重要事项。

秦岭违建别墅事件也产生了溢出效应。违建别墅集中整治从秦岭北麓西安段起，后又延伸到秦岭北麓陕西段，包括秦岭南麓。全国各地都以秦岭违建别墅事件为教训，对当地生态环境破坏的案例进行了集中整治。

（四）事件反思

近年来，从秦岭到祁连山，从长江到洱海，破坏生态环境的事件时有发生。这些事件都是过度无序开发，严重破坏生态环境和有些国家公职人员严重失职

① 秦岭生态环境保护工作进展明显整治违建问题4 171个[EB/OL].（2020-11-24）[2021-05-07]. http://www.shaanxi.gov.cn/xw/sxyw/202011/t20201124_2112321_wap.html.

渎职、违纪违法的典型案件。祁连山长期以来大规模的探矿、采矿活动造成了保护区局部植被毁坏、水土流失、地表塌陷;洱海的过度开发带来了日益严峻的水质恶化,不断警醒着沿岸的居民,洱海的环境承载量是有限的。在未来的生态保护过程中,各级党委政府如何切实履行本行政区域内生态环境保护第一责任人的责任,督促相关部门各司其职、各尽其责,通过严格问责唤醒责任担当,以及如何构建全社会的生态保护治理网络,任重道远。

三、案例教学参考

(一)教学目标

(1)通过梳理案例,结合相关制度建设,探讨案例背后的原因。

(2)引导学生思考案例所反映出的我国城市生态安全制度建设方面尚存的问题与原因。

(3)帮助学生学习城市生态安全理论知识,了解城市生态安全事件的概念、成因以及城市生态安全面临的问题。

(4)引导学生思考秦岭违建别墅事件中的经验与启示,培养学生生态环保意识和政治纪律观念。

(二)课前准备

1. 教师

(1)准备城市生态安全案例教学资料,研究涉及城市生态安全事件的重点案例,在理论学习进展到一定阶段时,预告后期案例教学的开展时间,提前发放案例文本和相关材料,布置案例教学的准备任务,留出让学生搜集资料进行准备的时间。

(2)结合案例中体现的自然生态问题,设计案例教学的启发思考题目,思考怎样引导学生向纵深层次挖掘案例中隐藏的生态安全问题。

(3)设计整个案例教学的环节和时间安排,确保紧凑而高效地在既定时间内完成案例教学,并预留答疑时间回答学生可能提出的疑问。提前考虑课堂上在不属于教师控制部分可能发生的非常状态,例如学生在讨论发言阶段过于热烈或者冷场时,怎样进行现场调节。

(4)多搜集主题案例的同类案例或案例中的同类做法,从个性到共性逐步过渡。在讲课时将这些案例穿插进去,提高课堂的信息量、生动性,并启发学生用更开阔的视野去思考案例中遇到的具体问题。

(5) 要将传统教学手段与多媒体技术有机结合,向学生充分展示事件的整个发展过程,组织学生观看专题片《一抓到底正风纪:秦岭违建整治始末》了解案例始末,指导学生查阅近年来生态安全事件,鼓励学生对感兴趣的内容进行深入研究,进行小组探讨,仿照演示案例撰写其他生态安全事件报告。

2. 学生

(1) 提前阅读老师发放的案例资料,并自行搜集更多资料进行案例补充。

(2) 提前查阅与案例相关的生态保护、土地占用和失职渎职等方面相关法规和章程,思考对案例中相关违法人员应该采取怎样的惩罚措施。

(3) 寻找所在城市发生的生态安全事件,比较分析该事件与演示案例是否有相同之处,并思考怎样解决该事件中遇到的问题。

(4) 提前思考演示案例中存在的问题与解决方案,并在课堂中踊跃提出。

(三) 案例导入

运用多媒体投影仪播放《一抓到底正风纪:秦岭违建整治始末》新闻专题片,询问学生的观影感受,请学生讲述自己知道的视频之外的其他信息,并询问获知途径。除此之外,向学生提出案例中涉及的思考问题,让学生带着问题重新走进案例。

(四) 要点分析

1. 秦岭违建别墅事件发生的原因

(1) 生态文明与认知偏差

党的十八大以来,"五位一体"总体布局和协调推进"四个全面"战略布局一贯重视生态文明建设。2020 年 10 月,党的十九届五中全会提出了创新、协调、绿色、开放、共享的新发展理念,回顾秦岭违建别墅事件,该事件严重违背了其中的绿色、共享发展理念,破坏了秦岭的生态环境。2008 年 3 月,陕西省开始执行《陕西省秦岭生态环境保护条例》,该条例虽为秦岭保护条例,却在规定中将区域功能划分为禁止开发区、限制开发区、适度开发区,很容易让不法分子钻空子。此项内容直至 2019 年条例第二次修订才被修改。究其原因,当地有些干部贯彻新发展理念有偏差,对习近平生态文明思想贯彻落实不到位,地方生态认知存在偏差。"不管环保、不计代价、只求数据"以及把历史遗留问题留给历史的行为,是对生态环境的严重不负责任。

(2) 制度漏洞与道德风险

随着中国城市化迅速发展,西安市顺应新提出的西部大开发和构建西部大都市圈政策，不断向南发展，地处秦岭北麓的长安区、鄠邑区原本是秦岭的浅山区，经济十分落后，西安市城市建设南移，加快了长安区、鄠邑区的现代化步伐，因而带来了大量的机遇，一些人却禁不起金钱的诱惑。

科斯的新制度经济学认为：制度决定行为，遏制腐败的关键是要以制度遏制腐败，而要达到帕累托最优的理想境界，采取遏制腐败的措施要以成本最低、效益最优为目标。快速现代化带来了新的经济利益，同时也为腐败滋生提供了土壤和机遇。如何防止经济的迅速发展造成腐败的滋生蔓延问题？科斯认为，腐败不单纯是官员的道德问题，很大程度是制度问题。原户县（今鄠邑区）县长张某某曾违规向企业发放采矿许可证，破坏了秦岭生态环境，这其中就存在一定的法律与制度漏洞。秦岭别墅违建乱象的症结主要集中在两方面：一是一些房地产开发商受利益驱使，屡屡突破政策法规红线，用“生态”“文化”“旅游”的虚假合法外衣裹挟政府职能部门打“擦边球”。二是陕西省和西安市虽多次出台政策规定，但条文中却不乏漏洞和模糊地带，使得腐败行为有机可乘。在秦岭违建别墅事件中，关于土地开发的相关限制经历了多次修改，2007 年陕西省政府出台《陕西秦岭生态环境保护纲要》，明确规定海拔 2 600 米以上的区域为禁止开发区；海拔 1 500～2 600 米之间的区域为限制开发区；海拔1 500 米以下实行严格保护下的适度开发。2008 年 3 月实施的《陕西省秦岭生态保护条例》又明确在禁止开发区、限制开发区不得进行房地产开发。禁止开发区、限制开发区、适度开发区并没有严格明确的划分和标志，仅仅根据海拔高度，政策法规不清晰、不明确，很容易被不法开发商和办事人员钻漏洞。一座山由几个政府部门和机构管理，这就赋予了当地政府部门在项目审批过程当中较多的自由裁量权，更为管理不当、权力寻租、诱致腐败埋下了祸根。另外，监督制度的缺失诱发了当地政府工作人员的道德风险，也是导致腐败的重要原因。

2. 生态保护方面存在的问题

(1) 生态环保意识不足，在保护生态方面存在缺漏

大量秦岭违建别墅毁林开山导致山体滑坡、废水排放导致水源环境污染，这对秦岭自然生态造成了严重威胁。而当地政府一些部门将此视作一个建筑上的违规事件，并没有上升到破坏生态环境的高度，体现出当地政府一些部门生态意识的匮乏。整治组清查出的 1 194 栋违建别墅（拆除 1 185 栋，没收 9 栋），侵占秦岭国有土地 4 557 亩、集体土地 3 257 亩，已然对秦岭生态

安全产生严重威胁，但地方政府一些部门并没有及时采取行动担当起应该承担的生态责任。①

（2）形式主义蔓延，缺乏生态保护实效

个别领导干部对生态问题视而不见、搞整改避重就轻、摆功绩夸大其词。陕西省个别领导的这种做法致使部分区县不加思考就盲目跟从，原户县、长安区甚至将别墅建设当成年度重点项目大力推进，产生边整治、边违建、禁而不绝的"破窗效应"。例如，在整改过程中，存在以下现象：号称全部拆除的别墅中有17 栋拆除不彻底；号称没收的 47 栋一直未履行任何实质性收归国有手续，只是在门上贴了封条。

（3）利益捆绑，漠视生态环境

个别领导干部本应该是秦岭的生态守护者，却屈服于诱惑成为秦岭违建别墅的利益输送者。2014 年之前，长安区、户县将秦岭北麓沿山一带开发作为招商引资的重点项目，吸引了大量的开发商，鱼龙混杂。这些项目在招商引资的时候是以文化旅游的项目包装进驻的，项目落地之后，有些项目被不法商人通过利益捆绑的方式逐步改变性质，最终成为别墅项目。中央在整治秦岭违建别墅事件工作中发现，当地的个别干部，形成了省、市、县、乡、村纵向方面，各级秦岭办、规划局、国土局、环保局等有关部门横向方面纵横交错的利益输送链条。这是违建别墅整而未治、阳奉阴违、禁而不绝的深层次原因。根据电视纪录片《一抓到底正风纪：秦岭违建整治始末》报道的情况，中央专项整治工作组对陕西的几名省管干部涉嫌严重违纪的问题进行了核查。2019 年，西安市共查处秦岭生态环境领域违纪违规案件 56 起，追究问责 68 人，其中厅局级干部 12 人。②

3. 秦岭违建别墅事件的经验教训

（1）必须充分认识到良好的生态是可持续发展的原动力

生态兴则文明兴，生态衰则文明衰。生态环境是一个大系统，局部之变，影响整体。习近平总书记强调，陕西生态环境保护，不仅关系自身发展质量和可持续发展，而且关系全国生态环境大局，保护生态，不容马虎。

（2）必须走好绿色富民之路，处理好经济发展和生态环境保护之间的关系

绿水青山是造福百姓的"金山银山"，既是自然财富，又是经济财富。党员

---

① 毛浓曦. 西安拆除秦岭北麓违建别墅 1 185 栋[EB/OL].（2019-01-30）[2021-05-07]. http://house.people.com.cn/n1/2019/0130/c164220-30598491.html.

② 秦岭生态环境保护专项巡视整改情况公布[EB/OL].（2020-07-12）[2021-05-07]. http://cenews.com.cn/news.html? aid=86444.

干部要牢固树立保护生态环境就是保护生产力、改善生态环境就是发展生产力的理念,不能因小失大、急功近利。党员干部要牢固树立生态为民、生态惠民、生态利民的理念,清醒认识到,保护生态环境就是保障民生,改善生态环境就是改善民生,多谋民生之利,多解民生之忧。走生态优先、绿色发展之路,推进生态产业化、产业生态化。实践证明,用好生态优势、做好绿色文章,发展不以牺牲生态环境为代价,群众不仅不吃亏,致富的步子迈得也更快。例如,秦巴山集中连片特困地区的小木耳、香菇、茶叶、中药材等,如今已经发展成为大产业,富了一方百姓,这也是大自然对爱惜生态环境者的回馈。

(3) 必须保持久久为功的定力

靠山吃山没有错,但前提是靠山养山,靠山护山。生态立国是一种发展方式,也是一种责任。这需要全国一盘棋,牢固树立绿水青山就是金山银山的理念,统筹山水林田湖草系统治理,优化国土空间开发格局,调整区域产业布局,发展清洁生产,推进绿色发展,打好蓝天、碧水、净土保卫战。生态建设,久久为功。坚持不懈开展退耕还林还草,推进荒漠化、水土流失综合治理,推动黄河流域从过度干预、过度利用向自然修复、休养生息转变,改善流域生态环境质量,就会为老百姓创造出更富裕更美好的生活。

(4) 必须强化看齐意识

要想自然生态山清水秀,政治生态必须先“山清水秀”。秦岭违建别墅事件从表面上看是自然生态遭破坏,背后则是当地政治生态遭受腐蚀的体现。“秦岭之诫”不光是提醒陕西省的干部,也是提醒全党的干部,要从秦岭违建别墅事件中吸取教训,强化政治纪律、政治规矩、政治意识,吸取干部腐化堕落、失职渎职的大教训。

(五) 课堂组织

根据案例所涉及的内容,对内容分课时进行安排。案例所涉及的概念、主要内容、现状问题分析部分需 1 课时。教师对每部分进行分析,引导学生对案例进行讨论,针对案例及案例相关问题的回答及讨论部分需 1 课时。学生对讨论结果进行汇报,其他同学点评并提出疑问,老师补充遗漏知识点、纠正学生的认识误区部分需 2 课时。

(六) 延伸思考

(1) 思考如何构建稳定持久的城市绿色生态体系,合理进行城市绿地、湿地建设。

（2）了解城市居民生态安全感状况，并探究影响城市居民生态安全感的多种因素。

（3）思考城市市政部门应秉持怎样的原则与方法构建城市生态安全格局。

（4）思考怎样以城市生态安全为主要切入点来对城市规划实施的结果进行评价。

第四章

城市公共卫生安全

一、城市公共卫生安全事件

（一）城市公共卫生安全事件的概念

1. 公共卫生安全事件的概念

公共卫生安全事件是指突然发生，导致或者可能导致严重社会危害，特别是对公众生命健康产生严重损害的诸如传染性疾病、食物中毒等各类事件。

公共卫生安全事件具有发生的突发性、原因的多样性、危害的群体性、影响的社会性及演变的阶段性等特征①。

2. 城市公共卫生安全事件的定义

城市公共卫生安全事件是指已经发生或者可能发生在一个或多个城市的、对公众健康造成或者可能造成重大损失的传染病疫情、不明原因的群体性疫病、重大食物中毒和职业中毒，以及其他危害公众健康和生命安全的突发公共卫生安全事件②。

（二）城市公共卫生安全事件的分类

《突发公共卫生事件应急条例》将突发公共卫生事件分为重大传染病疫情、群体性不明原因疾病、重大食物中毒、职业中毒以及其他严重影响公众健康的事件等类别。

1. 重大传染病疫情

重大传染病疫情是指某种传染病在短时间内发生，波及范围广泛，出现大量的病人或死亡病例。重大传染病疫情发病率远远超过常年的发病水平。例如，2003 年的非典疫情，2009 年的甲型 H1N1 流感疫情，2019 年的新冠肺炎疫情等。

2. 群体性不明原因疾病

群体性不明原因疾病是指一定时间内（通常是 2 周内），在某个相对集中的区域（例如同一个医疗机构、自然村、社区、建筑工地、学校等集体单位）内同时或者相继出现 3 例及以上相同临床表现，经县级以上医院组织专家会诊，不能诊断或解释病因，有重症病例或死亡病例发生的疾病。这类疾病可能是传染病（包括新发传染病）或其他未知因素引起的传染性疾病。例如，2020 年印度东南

---

① 柴光军.突发公共卫生事件的特点、防控对策和措施[J].解放军预防医学杂志，2013，31(5)：385-387.

② 黄国伟，姜凡晓.突发公共卫生事件应对与处置[M].北京：北京大学医学出版社，2016.

部安得拉邦暴发类似癫痫症状的不明原因疾病。

3. 重大食物中毒

依据《中华人民共和国食品安全法》,食品安全事故分级由县级以上地方人民政府制定的本行政区域的食品安全事故应急预案进行规定。一般,重大食物中毒是指一次食物中毒人数超过 100 人并出现死亡病例。

4. 职业中毒

职业中毒是指在劳动过程中,人体通过不同途径吸收了生产性毒物而引起的中毒,可分为急性中毒、慢性中毒、亚急性中毒。例如,2016 年山东潍坊长兴化工有限公司发生的氟化氢泄漏中毒事故。

5. 其他严重影响公众健康的事件

自然灾害、重大环境污染事件、放射源丢失事件、恐怖事件以及意想不到的群体事件等,都包括在其他严重影响公众健康的事件中。例如,2014 年的南京放射源铱-192 丢失事件,2018 年的长春长生问题疫苗事件。

(三)城市公共卫生安全事件的成因机理

1. 企业为利,铤而走险

城市公共卫生安全事件多是由于部分企业自律性不高,无视商业道德,缺乏社会责任所导致的。

2. 法不健全,监管不力

防止城市公共卫生安全事件隐患的发生离不开各部门的有效监管,近些年频发的城市公共卫生安全事件表明我国相关法律尚不健全。涉及城市公共卫生安全的相关法律不够完善,监督部门食品药品监管机制不够健全,监管政策不够精细,部分监管人员素质不高未能履行好自身职责,这些都是部分企业危害城市公共卫生安全的因素。

3. 病毒跨界,危机连锁

城市公共卫生安全事件覆盖了生产、生活等各个方面,而且表现出爆发速度快、波及范围广、社会影响大等特征。自然与社会的变化为新的传染病出现创造了条件,人类接触自然界原有的媒介生物和病原体宿主的概率增加。伴随城市环境和气候的改变、城市人口的增长与迁徙、城市过度拥挤和不良的卫生状况等,居民生命健康受到了威胁。众多的危机诱发因素容易引起危机连锁反应,很多以前局限于一个地区的未知病毒或细菌以及已知的传染病,可能随着人流、物流跨界传播。

4. 信息封锁，病毒插翅

极个别地方政府为了不暴露自己在公共卫生安全管理中的错误行为，在公共卫生安全事件发生的第一时刻，想的不是如何通过权威媒体或新闻发言人的形式及时通告，使公众对事件有准确的认识，而是刻意隐瞒，试图将事件“扼杀在摇篮”。城市中的公共卫生安全事件一旦隐瞒而非及时发布信息，就会导致公众在未知情况下很难进行有效防控，进而导致公共卫生安全事件进一步恶化。

（四）我国城市公共卫生安全概况

2003年非典疫情以来，中国陆续经历了2005年松花江水体污染、2008年三鹿奶粉事件、2009年甲型H1N1流感、2013年H7N9型禽流感、2015年中东呼吸综合征、2018年长春长生问题疫苗事件、2019年新冠肺炎疫情等众多公共卫生安全事件。未知的病毒或疾病、不恰当的运行方式都可能诱发公共卫生安全事件。城市化进程的加快导致城市人口占总人口的比重不断上升，发达的交通和人群的频繁流动使得一旦发生公共卫生安全事件，城市往往深受影响。城市公共卫生安全如同信息安全、治安安全一样，已成为国家安全的重要组成部分。

党的十八大以来，我国公共卫生安全与健康事业取得重要成就。人民群众健康水平显著提高，为实现“人人享有基本医疗卫生服务”的目标夯实了基础。我国城乡居民人均预期寿命从1949年的35岁提高到2018年的77岁。一是，全力推进疫苗接种。为了预防传染性疾病，我国将14种疫苗纳入国家免疫规划，可预防15种传染病；通过为所有婴儿接种乙肝疫苗，5岁以下儿童慢性乙肝病毒感染率从近10%降至1%以下，为其他发展中国家树立了典范。二是，基本医疗保障制度覆盖全民。我国推进基本医保参保覆盖面稳定在95%以上。①三是，基本药物数量由520种增加到685种。我国推进药品集中采购和使用，试点药品中选价格平均降幅52%，打通降价药进医院“最后一公里”，将政策红利引导到临床端②。四是，公共卫生监测预警系统显著提升。近些年，我国强调“预防为主”，指导加快公共卫生和应急体系建设，成功防范和应对了甲型

① 白剑峰. 让全民健康托起全面小康：党的十八大以来我国卫生与健康事业发展成就综述[EB/OL].（2016-08-19）[2021-05-07]. http://www.scio.gov.cn/zhzc/8/4/Document/1487905/1487905.htm.

② 马晓伟. 全面推进健康中国建设[EB/OL].（2020-11-30）[2021-05-07]. http://theory.people.com.cn/GB/n1/2020/1130/c40531-31948665.html.

H1N1 流感、H7N9 型禽流感、埃博拉出血热等突发疫情，主要传染病发病率显著下降。除此之外，通过信息直报系统，有关疫情的监测信息可实现快速上报。比如，2013 年的 H7N9 型禽流感和 2015 年的 MERS 病毒均实现了疫情信息的快速上报，使得感染者能够被及时发现，有效切断了病毒传播途径，保护了易感人群。尽管如此，传染病对人民健康的威胁始终存在，重大公共事件风险从未远离，这次新冠肺炎疫情再次敲响了警钟。

我国公共卫生基础设施建设不断增强、公共卫生应急物资储备能力取得突破。中国多座城市先后建立了多个重要卫生医疗救治、救援基地，为公共安全卫生事件的救援、医疗、物资调配提供了保障。例如，北京小汤山医院、武汉火神山医院、武汉雷神山医院等。我国应急物资储备与管理体系不断完善，应急物资储备数量、规模、种类均有所提升，各省份大部分卫生部门和应急机构在整体水平上都较前些年取得了重要突破。除此之外，我国城市每千人口卫生技术人员从 2010 年的 7.90 人增长到 2019 年的 11.10 人；2020 年年末，全国卫生人员总数达 1 347.5 万人，比上年增加 54.7 万人(增长 4.2%)。①

《中国统计年鉴 2020》显示，我国公共卫生总费用近几年呈逐年递增态势，卫生总费用在国内生产总值(GDP)中占比逐年增加。2021 年 7 月国家卫健委发布《关于做好 2021 年基本公共卫生服务项目工作的通知》，要求做好 2021 年基本公共卫生服务项目工作。根据此通知，2021 年，人均基本公共卫生服务经费补助标准为 79 元，比上年增加 5 元，医疗卫生服务的效率与国民福利均被改善。值得注意的是，政府卫生支出费用占卫生支出总费用的比重逐年下降，这表明社会及个人力量在公共卫生中的作用越发显著。卫生支出总费用见表 4-1。

表 4-1　卫生支出总费用一览表

年份	卫生支出总费用/亿元	政府卫生支出费用占卫生支出总费用的比重	人均卫生支出费用/元	卫生支出总费用与GDP 之比
2016 年	46 344.88	30.01%	3 351.74	6.23%
2017 年	52 598.28	28.91%	3 783.83	6.36%
2018 年	59 121.91	27.74%	4 236.98	6.43%
2019 年	65 841.39	27.36%	4 702.79	6.64%

① 邓峰，吕菊红，高建民. 2009—2016 年我国医改主要投入与产出分析[J]. 中国卫生经济，2018，37(2)：11-13.

取得显著成就的同时，我国城市公共卫生安全也存在一定的问题。城市公共卫生安全事件不仅是由已有的传染病或新发的传染病引发而形成的，一些食物中毒、职业中毒和群体不明原因疾病都可能造成突发公共卫生安全事件。其中，由接种疫苗引发的公共卫生安全事件更是不断出现。虽然此类事件大部分调查结果基本排除了与疫苗的直接因果关系，但每一次事件的出现，都会引发公众对疫苗安全的质疑，我国城市公共卫生安全中存在的监管不到位、监督体系设置不合理等问题暴露在公众的视线中。我国公共卫生全能型人才匮乏、对流行病认知不足、应急资金投入不充足、风险防控意识不够强等问题依然较为严峻。

当前，不仅各种疾病的发病高能导致城市公共卫生安全事件的发生，而且异常的社会活动或环境的改变也能导致城市公共卫生安全事件的发生。提高城市公共卫生安全事件的报告率，除必须加强对各种制度规范的学习外，一定程度的行政干预也是必不可少的，例如对因瞒报、迟报、漏报而造成社会影响事件的处理。

二、案例资料：长春长生问题疫苗事件

（一）事件背景

1. 前车之鉴——山东问题疫苗事件

2016 年 3 月，山东省公安机关破获一起重大疫苗案件。非法经营者庞某将未按照规定进行冷链运输贮存的疫苗销往全国 18 个省（区、市），涉及成人、儿童使用的 25 种二类疫苗，案值高达 5.7 亿元。① 此案涉及人民群众的身体健康，曝光后政府的处置不当加上非官方媒体的煽动导致舆情持续发酵。经调查，共 45 家涉案药品经营企业存在编造药品销售记录、向无经营资质的个人销售疫苗等生物制品、出租出借证照、挂靠走票等严重违法行为。2017 年 3 月 19 日，最高人民检察院在工作报告中披露，庞某等人非法经营疫苗案曝光后，山东、河南、河北等地检察机关批准逮捕 355 人，已起诉 291 人，立案查处失职渎职等职务犯罪 174 人②。

---

① 山东非法疫苗案大事记[EB/OL].（2016-03-28）[2021-05-07]. http://finance.china.com.cn/roll/20160328/3649840.shtml.

② 曹建明作最高人民检察院工作报告[EB/OL].（2017-03-13）[2021-05-07]. https://www.spp.gov.cn/spp/zdgz/201703/t20170313_185159.shtml.

《中国社会舆情年度报告:2016—2017》显示,山东问题疫苗事件在2016年第一季度的中国社会舆情事件中位列首位。轰动一时的非法疫苗事件看似已然平息,实际上已在人们心中留下深深烙印,造成了社会恐慌①。

2. 公司已有"前科"——未掀起波澜

2018年7月15日,长春长生生物科技有限责任公司(简称长春长生公司)疫苗造假事件曝光。实际上,在长春长生问题疫苗事件彻底爆发之前,国家食品药品监督管理总局就已于2017年11月3日发布了百白破疫苗效价指标不合格产品处置情况的介绍,称在药品抽样检验中检出长春长生公司、武汉生物制品研究所有限责任公司(简称武汉生物制品研究所)生产的百白破疫苗效价指标不符合标准规定。接着,长春长生公司又被其内部员工举报在生产疫苗时涉嫌违规、造假行为,引起相关部门的高度重视。吉林省食品药品监督管理局调查组进驻该企业,对相关违法违规行为立案调查。国家食品药品监管管理总局派出专项督查组,赴吉林省督办调查处置工作,责令长春长生公司召回相关疫苗并对其实施了收回相关药品生产证书,停止其狂犬病疫苗生产并处以91亿元的巨额罚款等处罚措施。

针对此次疫苗事件,李克强于2018年7月16日就此次长春长生问题疫苗事件作出重要批示,要求彻查。随后,长春长生公司发出声明,称本次问题疫苗未到达销售环节,现销售疫苗均符合质量标准。然而,对于这样的问题制药企业,公众对其信任已跌至低谷。

(二) 事件始末

1. 问题疫苗,潜伏现身

2016年,我国发生山东问题疫苗事件,两年后,长春长生问题疫苗事件成为公众焦点,并将疫苗问题再次推向公众视野。疫苗无小事,关涉每一个人。在疫苗安全问题上,没有任何讨价还价的余地。长春长生问题疫苗事件时间跨度较大,包含事件的监测与预警、先期处置与决策指挥、问责、信息公开等阶段。

2017年11月至2018年的7月,是长春长生问题疫苗事件的潜伏阶段,这一阶段共出现两次预警。2017年11月3日,长春长生公司和武汉生物制品研究所生产的两批次共计65万余支百白破疫苗效价指标不符合标准规定,被国家食品药品监督管理总局责令企业查明流向,并要求立即停止使用不合格产

① 俞国明,李彪,王斌.中国社会舆情年度报告:2016—2017[M].北京:人民日报出版社,2017.

品。这是这起事件的首次预警。2018 年 7 月 11 日，长春长生公司被内部员工实名举报，这是这起事件的第二次预警，同时也拉开了这起问题疫苗事件的序幕。

2018 年 7 月 15 日国家市场监督管理总局发布相关通告对长春长生公司全面展开调查。检查组发现，长春长生公司在冻干人用狂犬病疫苗生产过程中存在记录造假等严重违反《药品生产质量管理规范(2010 年修订)》的行为，令人失望的是，此次调查还发现长春长生公司的“吸附无细胞百白破联合疫苗”的检验不符合相关规定。对于长春长生公司的种种违规行为，2018 年 7 月 15 日，吉林省食品药品监督管理局给予了相应的行政处罚。2018 年 7 月 16 日，李克强就长春长生问题疫苗事件作出批示，要求彻查。2018 年 7 月 18 日，山东省疾控中心发布信息，宣布山东省已全面停用长春长生公司生产的冻干人用狂犬病疫苗。

2. 一经曝出，舆论四起

事已至此，本以为即将平息，没想到 2018 年 7 月 21 日晚，一篇名叫《疫苗之王》的文章在微信朋友圈刷屏，瞬间舆论四起，疫苗事件再次被推上风口浪尖。该文章之所以能够引起网络的轩然大波，是因为该文章揭露了诸多疫苗企业家的发家史以及问题疫苗史，揭露了部分药企偷工减料、弄虚作假、逃避监管等问题，其中就包括长春长生公司的董事长高某某，文章一出，便引起了各界人士的强烈不满。长春长生问题疫苗事件被媒体报道、评论或转载，引发了民众的广泛关注，最终形成网络舆情，自此长春长生问题疫苗事件爆发。

3. 政府干预，责令补种

在先期处置与决策指挥阶段，各方全力介入调查，政府采取一系列措施进行应对。这个阶段的任务主要是针对当前情况进行应急处置控制，随时将事态发展情况向上级报告或进行横向沟通，评估事件的影响范围。

2018 年 7 月 22 日，国家市场监督管理总局负责人介绍长春长生问题疫苗事件：责令停产、立案调查，组织对所有疫苗生产企业“飞行”检查。当检查“飞行起来”，长春长生公司所生产的问题疫苗的销售地及流向就迅速被调查清楚了。公众在疫苗事件中，关注的是疫苗的流向、对自己身体的影响以及对涉事人员的处置，政府在此次事件之中针对这些方面也在逐一跟进。山东省卫健委及省疾控中心在山东省委、省政府的指导下对问题疫苗进行仔细核查，并对接种问题疫苗的患者进行及时补种和健康水平监测，有力保障了公民的生命健康安全。

2018年7月23日，国家市场监督管理总局举行会议，对习近平总书记关于长春长生问题疫苗事件的指示内容进行学习和落实。此次会议做出了一系列的决定：第一项是问题疫苗的初期处置，要增强事件调查组的能量，扩大调查组队伍，积极协同进行事件调查。第二项是对问题疫苗的流向进行全面调查。第三项是为问责环节做准备，对于职务犯罪、企业监管不力等问题强化问责。第四项是提出要及时进行事件处置的信息公开，避免谣言产生。第五项是推进疫苗监测日常化，对药品生产企业进行定期与不定期的检查。第六项是强化疫苗的管理和法律法规建设。

4. 严肃问责，决不姑息

严肃问责无疑是此次事件最正确的应对方式。本质上，面对疫苗这样的公共安全问题，及时回应社会关切，严厉查处违法违规行为，并保持常态化高压监管态势，是消除公众担忧的不二方法。倘若对危害公众身体健康者纵容姑息，则无法给社会敲响警钟，让一些不法企业认为违法成本不高，仍可以抱有侥幸心理违法犯罪。

2018年7月24日，山东省检察院、长春市检察院依法介入长春长生问题疫苗事件，对长春长生公司生产的百白破疫苗损害社会公共利益及相关行政机关履职情况进行调查，并积极配合国务院调查组，依法做好相关工作。2018年7月27日，长春长生公司违法违规生产狂犬病疫苗事件调查工作取得重大进展，已基本查清企业违法违规生产狂犬病疫苗的事实。在问责阶段，国家对长春长生问题疫苗事件中的相关违规人员进行了问责和处罚。

5. 信息公开，抚慰人心

在信息公开阶段，政府的主要工作是及时将事件进展情况和处置情况向人民群众进行说明。长春长生问题疫苗事件的初期，信息公开不够及时，公开程度也较弱，没有达到事件处置的透明和公开。长春长生问题疫苗事件是重大的公共卫生事件，事件爆发以来，从中央到地方政府以及主流媒体都做出了积极的反应。正是由于政府在第一时间的介入、政府高层的及时发声、信息权威性发布、官方媒体持续表态等一系列正面措施的实施，疫苗事件才没能进一步发酵成更大的信任危机。事件调查结束后，政府及时发布信息，公布处置结果，让公众得以安心。

2018年8月7日，国务院调查组公布了吉林省长春长生公司违法违规生产狂犬病疫苗事件调查的进展情况。调查组介绍，长春长生公司从2014年4月起，在生产狂犬病疫苗过程中严重违反《药品生产质量管理规范(2010年修订)》

和国家药品标准的有关规定，有的批次混入过期原液、不如实填写日期和批号、部分批次向后标示生产日期。召回工作仍在进行中，其销往境外的涉案疫苗，同时启动了通报和召回工作，给群众吃了一颗强效的定心丸。

2018 年 8 月 8 日，国家卫健委发出通知，要求各地卫生计生行政部门和有关医疗卫生机构做好长春长生公司狂犬病疫苗接种者跟踪观察和咨询服务相关工作，维护人民群众身体健康和生命安全，保护接种者合法权益。

2018 年 8 月 9 日，为做好长春长生公司狂犬病疫苗接种者的进一步临床观察服务，国家卫健委要求各地设立定点医疗机构开展相关工作。截至 2018 年 8 月 9 日，各地共设置定点医疗机构 2 655 家①。

6. 事件小结

疫苗关系人民群众健康，关系公共卫生安全和国家安全。长春长生问题疫苗事件是一起由疫苗生产者逐利枉法、违反国家药品标准和药品生产质量管理规范、编造虚假生产检验记录以及地方政府和监管部门失职失察、个别工作人员渎职的严重违规违法重大案件，情节严重，性质恶劣，造成了严重不良影响。这起事件既暴露出政府监管不到位等诸多漏洞，也反映出疫苗生产流通使用等方面存在的制度缺陷。同时也让公众看到了事发之后政府坚决履行职能、坚决守住公共安全底线、坚决维护广大人民生命财产安全的决心。

（三）事件影响

1. 暴露企业失德问题

在山东问题疫苗事件发生后的两年，长春长生问题疫苗事件的发生再次给全国疫苗安全问题敲响了警钟。国家对长春长生公司的严惩会让更多药品生产企业更加重视药品质量。同时，国家也将对疾控系统的改革提上了议事日程，疫苗行业从生产、流通、销售等各个环节都将进一步得到规范。

2. 暴露行政机关监管问题

在员工举报之前，长春长生公司就没有违法违规的生产行为吗？除了长春长生公司，其他的疫苗生产企业是否也存在类似问题？长春长生公司的问题是个性问题还是共性问题？很显然，个别政府部门监管不力是疫苗事件的推手。在整个疫苗事件中，也不难发现政府部门人员对于疫苗监管的认识模糊问题②。

---

① 卫生健康委组织全面开展长春长生公司狂犬病疫苗接种者跟踪观察和咨询服务工作[EB/OL].(2018-08-10)[2021-05-07]. https://www.gov.cn/xinwen/2018-08/10/content_5312906.htm.

② 丁丽莹. 论我国疫苗安全监管制度的完善[D]. 大连：辽宁师范大学，2020.

"监"即监督,"管"即管理,只监督不管理,会导致一些违法行为的再次发生,造成更为严重的危害后果。政府监管不仅仅是对企业违法行为的告知,更重要的是为了及时阻断问题疫苗的流通、预防安全事件的再次发生,从而保障公民的健康权和知情权。长春长生问题疫苗事件涉及利用职务之便收取疫苗企业回扣的问题,可见滥用监管权的情形依旧存在,事件的暴露应该引起相关部门的重视。

3. 暴露当前法律法规漏洞

事件发生时,疫苗安全由《中华人民共和国药品管理法》以及《中华人民共和国药品管理法实施条例》共同规范。《中华人民共和国药品管理法》作为我国药品监管的基础性法律,仅将疫苗定性为药品,而未针对疫苗的预防性、流通运输过程中的高要求进行特殊规范,因此在法律适用过程中,该法对于疫苗安全的保障尚存不足。《中华人民共和国药品管理法实施条例》,在长春长生问题疫苗事件中也反映出了诸如法律位阶低、处罚责任过轻、监管手段单一、监管流程不全面等问题。虽然疫苗安全事件出现不应完全归责于法律规范的不足,但完备的法律规范是疫苗安全的保障和企业生产的边界。为此,在长春长生问题疫苗事件发生后,2018 年 12 月 23 日十三届全国人大常委会第七次会议提请审议了《中华人民共和国疫苗管理法草案》。2019 年 6 月 29 日,在十三届全国人大常委会第十一次会议上,表决通过了《中华人民共和国疫苗管理法》。该法是我国首部,同时也是全世界第一部综合性疫苗管理法。《中华人民共和国疫苗管理法》针对疫苗安全做了范围更广、责任更严的规定。

4. 引起社会愤怒与恐慌

公众往往是各种突发性公共安全事件的受害者。公众不是企业的生产者,不能决定疫苗的质量;也不是政府监管部门,不能对企业的违法行为进行有效监督。在整个长春长生问题疫苗事件中,公众一般只能等待政府部门的调查结果,被动地接受着各种补救措施。

长春长生问题疫苗事件在网络上掀起舆论风波,引起公愤。网民的愤怒主要包括对疫苗造假违法行为的愤怒以及对处罚结果的愤怒①。长春长生问题疫苗事件的涉案企业为了降低生产成本,随意变更生产工艺,编造生产记录,致使疫苗无效,而在 2018 年 7 月吉林省食品药品监督管理局却只对涉案企业处以

① 唐魁玉,王德新,王丽敏.基于情感分析的网络民愤研究:以长春长生问题疫苗事件为例[J].南京邮电大学学报(社会科学版),2020,22(1):76-85.

了300余万的罚款、收回其药品生产质量管理规范证书、责令企业停止狂犬疫苗生产，网民认为处置较轻。从公众自身健康角度出发，问题疫苗不仅不能发挥预防、阻断疾病的作用，还可能产生一些副作用，公众由此陷入焦虑与恐慌之中，从而对企业以及政府监管产生信任危机，进而不利于社会的和谐与稳定。

此外，在这起事件的新闻发布会中，极个别政府人员的态度不诚恳，全程都没有直面镜头，也引起了广大网民的不适，政府人员的专业素养遭到了质疑。新闻发布会上极个别政府人员的行为表现使得长春长生问题疫苗事件一波未平、一波又起，网络负面舆情持续增长。

（四）政府舆情应对措施

城市公共卫生的安全问题不仅影响着公众的身体健康，也影响着政府的公信力。长春长生问题疫苗事件给人们敲响了警钟，在其爆发的过程中，舆情整体呈上升趋势，社会舆论将药品安全和政府监管等问题推到了风口浪尖。城市公共卫生安全事件发生后，政府往往掌握着与事件相关的第一手信息，政府行为主导着公共卫生安全事件的进展与解决，也决定着公众所知信息的多少。

网络舆情一般会经历形成期、爆发期、衰退期等三个阶段，每个阶段的关注点各有侧重。政府能否准确把握住不同阶段网络舆情的方向，增强主动性，抢占舆论制高点，在一定程度上决定着网络舆情能否朝良性方向发展。并且，政府行为受到大众和媒体的广泛关注，如果政府不能做出正确且迅速应对，势必会使舆情关注点从事件本身发散到对政府的质疑上来，这样一来，不但有损政府形象，也加大了事件解决和舆情消散的难度。

1. 网络舆情事件概述

2018年7月中旬，长春长生公司接连被曝出狂犬病疫苗生产记录造假、百白破疫苗药效不合格等问题；2018年7月18日，吉林省食品药品监督管理局针对该公司的违法行为按照劣质药做出处罚，但罚单金额引发民众强烈不满；2018年7月19日，“不合格的百白破疫苗主要流向山东”的消息在网络流传；2018年7月21日，自媒体文章《疫苗之王》在微信朋友圈刷屏，长春长生问题疫苗事件网络舆情彻底引爆。2018年7月22日—23日，习近平总书记、李克强总理相继对该事件作出指示批示，此次疫苗事件不仅触犯法律更突破人民底线，责任方必须给全国人民一个明确的解释和作为，至此才引发了舆论热议。之后“央视新闻”“新华社评论”等官方媒体报道转载了政府部门对该事件的回应，公众才得以大范围关注此事，当日舆情量达到顶峰。其后，随着政府部门的一系列的有力应对，该起舆情事件渐渐得到平息。

2. 政府舆情应对

(1) 行为上及时发声

针对舆情事件的处理，政府有关部门行动迅速，措施有效。舆情爆发后，食品药品监督管理部门、公安局等均迅速对事件进行调查，第一时间控制涉案人员，且整个调查和侦办过程都及时向社会公开；除此之外，习近平、李克强等党和国家领导人对此次事件高度重视，及时作出指示批示。从 2018 年 7 月 21—7 月 23 日，仅仅 3 天时间，政府部门就完成了高层及时发声、通报事件初步情况、积极展开全面有序的调查工作、对涉事责任人进行逮捕等举措，这对压制网络谣言和稳定民心起到了重要作用，有力提升、巩固了政府公信力。

(2) 方法上把握规律

互联网思维要求树立创新意识，必须意识到媒体与用户之间的平等与互动。媒体应该学会去了解用户个性化的信息诉求，找到新闻报道和用户需求之间的契合点；学会通过互动的方式为用户提供有针对性的服务，以进行用户的开发和管理，提高用户对本媒体的信任度，使得用户可以日常性地主动选择浏览本媒体的新闻报道。官方媒体在此次重大公共安全事件面前，做到了不缺席、不回避、敢发言，主动引导公众发声，起到了引领舆情走势的正面作用。长春长生问题疫苗事件曝光后，《人民日报》、新华社、中央电视台、《光明日报》等官方媒体对该事件发表了一系列的报道评论，并将质疑的矛头直指责任方，希望政府查处责任方，及时公布造假疫苗的流向，查明长春长生公司是否存在掩盖真相的行为以及药品监管为何如此薄弱等问题。此次长春长生问题疫苗事件中政府不回避、不缺席，充分体现了当下官方媒体的责任担当，同时政府对事件进展的关注和及时发布，也让公众更为快捷地了解了事件的全貌以及监管部门的后续举措等，这对缓解公众的负面情绪和挤压谣言空间，起到了非常重要的作用。

三、案例教学参考

(一) 教学目标

(1) 掌握城市公共卫生安全事件的概念、特点、分类，了解城市公共卫生安全的基本现状。

(2) 结合相关理论对“长春长生问题疫苗事件”案例进行学习，探究政府在此次事件中应急管理工作的优缺点。

(3) 引导学生思考如何避免类似长春长生问题疫苗的公共卫生安全事件再次出现。

(二) 课前准备

1. 教师

(1) 安排好理论、案例及其他部分所需学习时间,列出课程进度表。在理论学习进展到预期进度时,提前布置案例教学任务,请学生在课前了解长春长生问题疫苗事件。

(2) 结合所用课本理论知识,设计与本案例相关的课前思考题、课上思考题、课后思考题。三种类型的思考题的难度、深度应循序渐进。同时,将课前思考题提前布置给学生,以便课上案例分析的顺利进展。

(3) 考虑在课上问题讨论时,出现冷场或讨论过于热烈,应思考如何平缓引入案例,既能调动学生热情,又不至于产生过激言论。

(4) 多搜集主题案例的同类案例或案例中的同类做法,从个性到共性逐步过渡。在讲课时将这些案例穿插进去,提高课堂的信息量、生动性,并启发学生用更开阔的视野去思考案例中遇到的具体问题。

(5) 要将传统教学手段与多媒体技术有机结合,向学生充分展示事件的整个发展过程。首先,利用多媒体设备播放相关新闻报道视频。其次,以时间轴形式展现案例进展,设置案例关键节点;指导学生上网查找相关资料,进行事件调查,结合教学内容,建立研究小组,对感兴趣的内容进行研究。最后,指导学生写出小型调查报告,并向老师、同学进行汇报。

2. 学生

(1) 提前阅读"长春长生问题疫苗事件"案例,列出所涉事件的时间表,找出时间节点,关注各个时间节点的政府应对措施。

(2) 了解与案例相关的应急管理知识,例如"应急管理的阶段划分""政府舆情"等,以便进行课上讨论。

(3) 提前思考教师布置的课前思考题,对案例进行思考,记录思考过程中遇到的困难,在课上交流时间时提出。

(三) 案例导入

搜索此次事件相关新闻,最好为《新闻联播》中的片段,时间 10 分钟以内,讲清事件缘由,运用投影仪播放。看视频前,提出课上要了解、讨论的主要问题,课中带着问题去思考,并画出时间轴,标出关键时间节点,重点关注监管问题与舆情的起落。在视频播放结束后，让学生根据搜寻到的资料进行口头补充。根据名单对学生进行分组，每小组用一小段话总结对此次事件的看法。学生的每次发言都记录并回应，请学生带着问题探究此案例。

（四）要点分析

1. 核心概念界定

（1）突发公共卫生事件

突发公共卫生事件指突然发生，造成或者可能造成社会公众健康严重损害的重大传染病疫情、群体性不明原因疾病、重大食物中毒和职业中毒以及其他严重影响公众健康的事件。突发公共卫生事件因其突发性和公共性，不仅会给公众带来身心健康上的伤害，而且还会给社会稳定、公共卫生安全等造成巨大的威胁和冲击。

（2）舆情

舆情是指在一定的社会空间内，围绕中介性社会事项的发生、发展和变化，作为主体的公众对作为客体的国家管理者产生和持有的社会政治态度。如果把中间的一些定语省略掉，舆情就是公众的社会政治态度①。

（3）网络舆情及网络舆情治理

网络舆情，是在各种事件刺激下，公众通过互联网传播对相关事件所有认知、态度、情感和行为倾向的多元化集合②，是社会舆论的一种表现形式。网络舆情治理是指政府对网络舆情危机进行应急处理、综合协调、危机公关等各种处置行为，是国家治理体系和治理能力现代化的重要组成部分，是将我国制度优势转化为治理效能的重要支撑力量③。

（4）问题疫苗事件

根据近年来的公开报道，问题疫苗，是指不合格疫苗或者是无效疫苗。其中，不合格疫苗，是指效价指标不合格的疫苗；无效疫苗包括过期疫苗、保存不当的疫苗等。接种者接种了问题疫苗之后，不能达到预期的保护效果。问题疫苗事件，即由问题疫苗引起的为广大公众所密切关注的公共卫生事件。两起轰动全国的问题疫苗事件——2016 年的山东问题疫苗事件、2018 年的长春长生

① 王来华. 舆情研究概论：理论、方法和现实热点[M]. 天津：天津社会科学院出版社，2003.

② 曾润喜. 网络舆情管控工作机制研究[J]. 图书情报工作，2009，53(18)：79-82.

③ 童素娟，曾美娴. 突发公共事件网络舆情治理的影响因素及对策：基于 2019 年 68 个突发公共事件的统计分析[J]. 浙江树人大学学报(人文社会科学)，2021，21(4)：44-53，70.

问题疫苗事件，引发了公众极大关注和议论，且事件的后续处置也一直被公众所跟踪。

2. 相关理论——公共危机管理理论

公共危机管理，是指以政府为主导的管理主体，通过各种手段防止公共危机发生或者通过危机控制、危机管理、危机评估、恢复补偿等多种措施，来减少公共危机产生的损失，避免危机进一步扩大和升级，使社会恢复正常秩序的一整套管理体系。相对于社会稳定态势下的常规管理，公共危机管理是以政府为主导处置危机时的一种非常规的管理。与企业危机管理相比，公共危机管理的目标是为社会提供公共产品，它的外部环境是开放的、非竞争性的，且强制力是它的基础；而与常规的公共管理相比，公共危机管理具有决策风险大、管理难度大、人员素质要求高等特点。有效的公共危机管理要求社会公众具有较高的综合素质，以支持、配合公共危机管理机构的管理举措，使公共危机管理达到较理想的效果。

网络舆情治理是公共危机管理的一个重要方面。在网络舆情危机发生后，政府部门应运用公共危机管理理论，针对网络舆情不同阶段的特点采取相应的调控措施，借助监测、预警、研判、引导等一系列手段，达到引导网络舆情发展、过渡、消解，保障人们正常生产和生活以及恢复社会正常秩序的作用。城市公共卫生安全事件对我国的公共危机管理能力提出了巨大的挑战，在社交媒体发达背景下，如何转危为安、化危为机，是公共危机管理部门需要长期探索研究的问题之一①。

3. 公共卫生安全事件网络舆情中政府治理存在的问题

(1) 舆情治理主体缺乏主动性

在潜在的突发公共卫生安全事件网络舆情面前，极个别政府部门表现消极、被动，对公共卫生安全事件网络舆情缺乏足够认识和重视，网络舆情治理观念落后、责任缺乏、担当不足。因此，很多政府部门的网络舆情治理行为往往都是从城市公共卫生安全事件爆发期开始的。极个别政府部门处理网络舆情不主动，一方面，不能够将突发网络舆情有效地遏制在萌芽期，未能很好地从舆情源头开始控制，往往容易把舆情导向的主动权丢掉，导致城市公共卫生安全事件治理不及时，直接造成了人力、物力等政府资源的浪费。另一方面，政府部门

① 温晓希.社交媒体环境下突发公共卫生事件网络舆情的政府治理研究：以问题疫苗事件为例[D].广州：华南理工大学，2020.

被动应对网络舆情也极大地影响了政府部门的公信力，容易引发公众对有关政府部门工作的质疑。

(2) 舆情预警不及时

政府网络舆情治理中往往关注舆情应对，而舆情预警能力则相对不足。个别政府部门在苗头性的网络舆情事件面前敏感性差，反应迟缓，未能及时预见潜在的突发公共卫生网络舆情事件。网络舆情预警是把控网络舆情工作整体效果的关键。只有把网络舆情治理关口前移，才能对突发公共安全事件网络舆情进行有效预警，并及时运用先进信息技术手段监测舆情、准确分析研判舆情，第一时间了解、掌握民意，第一时间发布相关权威信息，及时关注、充分解答网民关切和疑虑，最大程度降低突发公共卫生安全事件网络舆情爆发的可能性。

(3) 舆情应对能力不足

个别政府部门对网络舆情缺乏足够的学习和认识，缺乏应对突发公共卫生安全事件网络舆情方面的知识和技巧，害怕面对社会舆论，对社会关切不能及时回应，甚至隐瞒真实情况，大大延误了治理突发公共卫生安全事件网络舆情的最佳时机。此外，个别领导干部在回应网民问题时躲躲闪闪，对网民关注的重点回应度不高，或是回应时态度有问题，措辞有漏洞，这些都进一步恶化了政府部门与公众的关系。

(4) 网络行业规范不佳

在网络媒体平台主体方面，一些网络媒体平台责任心、社会意识不强，平台人员从业门槛过低、培训不足，对内容制作发布、转载评论等环节把关不严，当突发公共卫生安全事件网络舆情发生时，他们对违规内容仅仅是进行删帖处理，这种不恰当的处理方式反而助推了公共卫生安全事件舆情的发酵。还有一些网络媒体平台为追求更大利益丧失行业底线，缺乏行业自律，放任甚至炒作渲染网络谣言以及利用法律法规的漏洞或灰色地带，运用各种手段传播违法和不实的信息，让舆情进一步发酵。这不仅表现出网络媒体自身的社会责任意识不够，也表明了政府监管部门对行业的规范、管理力度亟待加强。

(五) 课堂组织

根据案例所涉及的内容，对内容分课时进行安排。案例所涉及的概念、主要内容、现状问题分析部分需 1 课时。教师对每部分内容进行分析，引导学生对案例进行讨论，针对案例及案例相关问题的回答及讨论部分需 1 课时。学生对讨论结果进行汇报，其他同学点评并提出疑问，老师补充重要的遗漏知识点、纠正学生的认识误区部分需 2 课时。

（六）延伸思考

（1）谈一谈城市公共卫生安全事件网络舆情的产生原因及政府治理策略。

（2）谈一谈问题疫苗事件中的公共卫生伦理问题。

（3）网络舆情如何作用于三条源流并最终影响问题疫苗事件政策议程设置？

（4）从公共选择理论角度出发对问题疫苗事件进行分析。

5

第五章

城市食品安全

一、城市食品安全事件

（一）城市食品安全事件的概念

1. 食品安全及相关概念

根据《中华人民共和国食品安全法》，食品安全，指食品无毒、无害，符合应当有的营养要求，对人体健康不造成任何急性、亚急性或者慢性危害。从该定义可知，我国对食品安全的关注重点已经从“量”转变到“质”，突出食品的健康与质量安全，重点关注食品“质”的安全。

说到食品安全，有两个概念经常被提及：食品质量与食品卫生。1996年，世界卫生组织在《加强国家级食品安全性计划指南》中将食品安全和食品质量进行划分并指出，食品安全是一种担保，是对食品制作烹饪、进食不可能产生伤害的一种担保。对于社会大众来说，食品质量则被表述为食品能够符合消费标准规范或者食品满足消费者具体的或者暗含的需要的属性。食品卫生根据世界卫生组织（WHO）的定义则被界定为：从食品的生产、制造到最后消费之间，为确保食品的安全、卫生、完好而采取的所有必要措施。在我国，食品卫生安全风险的来源主要有农（兽）药残留、滥用添加物、有害微生物污染及环境污染等。无论是食品安全、食品质量还是食品卫生都是食品安全管理的应有之义。食品安全问题重在源头管理，即食品的质量管理。安全的食品不仅包含食品卫生、食品质量，而且还包含食品营养等各个层面。因此，食品安全并不限于源头，它既包括生产安全，也包括经营安全；既包括结果安全，也包括过程安全；既包括现实安全，也包括未来安全。

2. 城市食品安全事件

狭义的城市食品安全事件，指食品安全事故，即因食品质量和卫生问题而引发的对人体生命健康产生危害的事件。广义的城市食品安全事件，指与食品安全相关的所有事件，包括食品采购、生产、流通、销售、消费的全过程所涉及的安全事件。

3. 城市食品安全事件的分类

按照食品问题发生的阶段，城市食品安全事件可分为以下几类：

（1）在种植生产阶段发生问题的食品安全事件

食品的生产过程复杂，影响因素多且不易控制。食品在生产阶段的问题，除了与生产原料、生产技术有关之外，还与生产者的素质和生产的农业环境有很大关系。

为了提高食品的产量，农民在种植、养殖过程中常会使用一些农药、兽药和各种功能的添加剂，由此导致了个别食品安全事件的发生。随着经济的高速发展，集中种植、养殖在我国逐渐出现，此时的食品安全事件往往涉及较广，危害较大。例如，2011 年的双汇“瘦肉精”事件，2008 年的三鹿奶粉事件。

除此之外，农业环境污染也是造成食品安全事件的原因之一。随着科技的进步，人类不恰当的行为改变了环境，造成全球变暖、河海污染以及土地沙化等，而环境的变化又直接影响着人类的生活。例如，2008 年的广元柑橘事件。

(2) 在加工销售阶段发生问题的食品安全事件

在市场经济的影响下，销售过程中的食品不仅是人类赖以生存的能量的提供者，还被赋予了其他许多新的功能。这与消费者的消费要求以及市场的优胜劣汰有很大关系。一方面，人们希望食品的营养价值越来越高、种类不断增加；另一方面希望食品的保存时间长、外观好看。为此，有些商家就对食品进行加工来满足人们的要求，以吸引更多的消费者，甚至有时是以品质的损失为代价的。例如，2010 年的“紫砂门”事件、2005 年的上海肯德基苏丹红事件等。有些商家为了减少成本使用廉价甚至是有毒的材料来包装食品，有些商家想要达到消费者对食品的外观要求，也会不惜采用非法材料来包装食品。例如，2010 年的牛奶包装盒肿胀发霉事件等。

(3) 在食用消费阶段发生问题的食品安全事件

食品不是一般商品，不同于药物、机械乃至技术，它的效用不是一定的。现代社会，人们的生活节奏逐渐加快，许多快餐、方便食品成为日常生活的首选。快餐和方便食品的营养价值有限，长期食用对身体不利，甚至导致疾病。除此之外，错误的烹饪方法，也有可能会使原本具有营养价值的食物变得没有价值甚至有毒，危害人类身体健康。例如，2013 年卫生部通报的 2012 年全国食物中毒事件的数据显示，由于食物未储存好导致污染或变质、生熟交叉污染等所引起的微生物性食物中毒占中毒总人数的 56.10%。① 可见，食品的消费方式是不容忽视的。除此之外，食用过期食物，误食有毒的动植物或者摄入没有去除毒性的食物都会危害身体健康。例如，食用河豚、有毒贝类、发芽马铃薯等引发的事件。在农村，很多人由于知识的缺乏对有毒植物无法辨认而错食导致死亡的案例时有发

① 卫生部办公厅关于 2012 年全国食物中毒事件情况的通报[J]. 中华人民共和国卫生部公报，2013，(2)：43-45.

生。在2012年食物中毒事件中，有毒动植物及毒蘑菇引起的食物中毒事件的报告起数和死亡人数分别占中毒总起数和总人数的41.4%和67.8%①。

4. 各阶段食品安全事件的特征分析

种植生产阶段发生问题的食品安全事件从爆发时间的长短来看，具有长期性的特点。在食品生产阶段埋下的安全隐患要到食品消费阶段才能被发现。这一阶段的食品安全事件，从爆发的规模看，规模较大，一旦爆发往往覆盖一大片区域；从爆发的严重程度看，较为严重，受害者往往需要住院才能治疗由此带来的病痛。此外，这一阶段食品安全事件产生的原因具有复杂性的特点，责任承担难以明确。

加工销售阶段发生问题的食品安全事件从爆发时间的长短来看，具有短期性的特点。在这一阶段出现的隐患在消费者食用食物时问题就会爆发出来。这一阶段的食品安全事件，从爆发的规模看，相对较大，往往覆盖许多区域；从爆发的严重程度看，比较严重，会造成许多人受伤害。此外，这一阶段的食品安全事件产生的原因具有复杂性和多变性的特点，责任承担不够明确。

食用消费阶段发生问题的食品安全事件从爆发时间的长短来看，具有即时性的特点，往往是食用了几个小时后甚至时间更短就出现状况。这一阶段的食品安全事件，从爆发的规模看，比较小，一般都是个别家庭或者单位；从爆发的严重程度看，具有不确定性，可以是轻微的处理不当导致身体不适，也可以是严重的处理不当导致中毒或者其他严重后果。此外，这一阶段的食品安全事件产生的原因具有多变性的特点，责任承担难以明确。

（二）城市食品安全事件的成因

1. 微生物污染

能造成污染的微生物种类很多，包括病毒、细菌、真菌和其他毒素。据世界卫生组织统计，每年都有数以亿计的人因为食品安全问题成为食源性患者。在食品生产高速化的今天，食品生产的步骤增多，导致食品受到微生物污染的概率也在逐步增大。相关研究显示，2009—2010年我国部分省、市的生肉、熟肉、乳制品、水产品、蔬菜中的致病菌污染状况进行了连续主动检测，结果表明，微生物食物中毒仍居首位，占39.62%。②

① 卫生部办公厅关于2012年全国食物中毒事件情况的通报[J].中华人民共和国卫生部公报，2013，(2)：43-45.

② 刘洋.我国食品安全监管的问题及对策研究[D].郑州：郑州大学，2011.

2. 滥用投入品或使用不当

农业的快速高效发展依靠的是先进的科学技术。先进的科学技术给我国的农业发展提供了技术支持。然而，近几年农业投入品的滥用和使用方法不当的问题时有发生，一定程度上影响了我国的食品安全。例如，西瓜爆炸这一罕见现象，是膨大剂的使用不当造成的。

3. 环境污染

工业中的废水、废气、废渣都含有大量的有害化学物质。日积月累，这些有害的化学物质就会影响周边的环境，并对生活在环境中的动植物产生影响，使得一些动植物的体内有了毒素。因而，人们一旦食用了这些动植物，就会影响身体健康，重者则会危及生命安全。所以在当今经济快速化发展的今天，环境污染对食品安全的负面作用不容小觑。

4. 食品生产、加工、包装、储藏与运输过程不符合食品安全控制要求

食品安全涉及“从农田到餐桌”的整个产业链，各个环节中都有可能出现不安全因素，给监管带来很大的困难。生产、加工过程对食品的污染是多方面的，几乎每个生产、加工环节都能造成食品的微生物污染。在生产环节，农产品的品质受自然条件和生物特性的影响很大。在加工环节，食品在加工过程中如果被致病性微生物污染或使用化工制剂处理，会造成食品不安全。在储藏、运输等环节，储藏、运输、流通的方法和条件不合格都会严重污染新鲜食品。此外，在销售环节，我国有接近一半的零售业为食品批发零售业，餐饮业超过总数的1/4，食品摊贩占有很大的比重。街头摊点由于食品安全监管跟不上，因而很容易成为传染病的传播中心。

5. 新产品、新技术、饮食习惯变化及新的产销方式带来的潜在威胁

近年来，我国新的食品种类大量增加。方便食品和保健食品行业的发展给国民经济带来了新的增长点，但也增加了食品风险。转基因技术的应用虽然给食品行业发展带来了机遇，但转基因食品的安全性尚存在一定的不确定性。另外，随着现代生活节奏的加快，人们的饮食习惯也发生了新的变化，外出就餐的机会增多，就餐时，生冷食物、动物性食物、煎炸烧烤食物等增多。

6. 疫病可能对畜禽产品的质量造成影响

我国猪肉、牛肉、羊肉、禽肉和禽蛋，生产成本较低，具有明显的比较优势。但我国地域广大，动物品种繁多，农牧业生产较为分散，集约化程度不高，难以进行统一防疫管理。长期以来，由于防疫机构不健全，检验手段落后，检验设备

表 5-1(续)

序号	食品种类	样品抽检数量/批次	不合格样品数量/批次	样品不合格率	不合格率同比
26	罐头	8 206	40	0.49%	-0.10%
27	保健食品	7 275	33	0.45%	-0.17%
28	可可及焙烤咖啡产品	765	3	0.39%	0.07%
29	蛋制品	7 843	28	0.36%	0.12%
30	食品添加剂	2 074	5	0.24%	-0.43%
31	乳制品	25 893	36	0.14%	-0.03%
32	婴幼儿配方食品	4 834	5	0.10%	-0.09%
33	特殊医学用途配方食品	196	0	0.00%	0.00%
34	其他食品	2 472	17	0.69%	-6.50%
合计		1 380 697	29 153	2.11%	-0.25%

二、案例资料:燕窝造假事件

(一) 事件背景

2020 年 11 月 4 日,一名女性消费者在社交平台晒出视频,爆料自己在某带货主播直播间购买的燕窝全是糖水,视频在网上引发了广泛的关注。该带货主播从信誓旦旦地发布律师声明,称其所售燕窝为合格正品,到提出"退一赔三"的解决方案,燕窝造假事件历经多次反转,反映了当前网络直播带货的缺漏和食品安全的窘境。

(二) 事件始末

1. 燕窝疑造假,舆论风波骤起

(1) 消费者质疑货假,带货主播强硬回应

2020 年 11 月 4 日,一名女性消费者在社交平台晒出视频,爆料自己在某带货主播直播间购买的燕窝全是糖水。视频发布后,这位消费者并未得到正常的回复,而是被该带货主播认为是恶意造谣抹黑。为了证实燕窝的真实性,该带货主播在直播中现场演示,认定了直播间所售产品是燕窝,并且在直播过程中,给品牌方打电话,表示对产品很有信心,会继续推广该产品。2020 年 11 月 6 日,该直播带货公司发布律师声明,称带货主播在直播间所售的燕窝均为合格

正品。公司将对部分网络用户对原视频进行剪辑和修改后发布评论的侵权行为,委托律师调查取证,采取法律措施,追究相关人员的法律责任。当天,该款燕窝品牌方也对此事发布声明,称此次发出的产品均为合格正品,已经合规合法通过各个环节的质检流程,不存在质量问题。对于恶意剪辑视频、采用误导性用语歪曲事实并传播、恶意中伤公司品牌产品的人,公司将采用法律手段维护正当权益与商誉。

(2) 王某证实造假,带货公司态度急转

随着事件不断发酵,2020 年 11 月 19 日,职业打假人王某发布一份检测报告,称经过检测,事件中带货主播售卖的即食燕窝产品是糖水。针对王某的检测报告,2020 年 11 月 20 日,该直播带货公司态度有所缓和,随即通过官方微博发布了"燕窝事件回应"声明,表示所售产品除了冰糖燕窝制品本应含有的糖分外,还含有燕窝成分唾液酸。公司是按照商家提供的产品信息进行直播推广的,事件发生后,已第一时间将产品送检,待结果回传后公证并公布。如果消费者对产品有任何不满可向商家申请退货退款,团队会全力帮助消费者维权。2020 年 11 月 27 日晚,拿到送检信息的该直播带货公司再次发表声明,承认所售燕窝产品存在问题并提出赔付方案。该直播带货公司在微博回应声明称,公司带货主播在直播间推广销售燕窝产品时,确实存在夸大宣传的现象,并表示,此事件中团队在选品、质检方面因为对燕窝行业相关专业知识储备不够,未能甄别出品牌方提供的产品信息,存在夸大宣传的内容,工作存在疏漏,以及冲动回复,引发了舆论风波,对此再次向广大消费者和社会各界诚挚道歉。

(3) 品牌方不买账,真假之相难辨

声明显示,自事件发生后,该直播带货公司一直与品牌方在做积极沟通,希望就因产品描述失实而对消费者造成的损失按照品牌方与公司所签署的品牌推广合作相关约定做退一赔三的处理,但品牌方尚未给出明确答复。基于以上原因,该直播带货公司决定优先维护消费者权益,启动召回方案,对用户进行退一赔三,先解决问题。此外,该直播带货公司还宣布将进行一系列的供应链整改升级,并启动消费者权益保障计划。

(4) 官方媒体发声,管理部门介入调查

随着事件进一步发酵,官方媒体发声,央视晚间新闻发表短评,别让无序带货影响制造业转型升级,并对直播带货行业提出警示。2020 年 12 月 10 日,燕窝生产商所在地的市场监督管理部门介入调查。2020 年 12 月 22 日,该直播带货公司所在地的综合行政执法局表示,已成立专案组调查此次糖水燕窝的涉事公司，案由涉及“涉嫌违法、涉嫌不正当竞争”等。

(5) 结果公示，双方均遭处罚

2020 年 12 月 23 日，广州市市场监管部门公布燕窝造假事件调查结果。广州市市场监督管理部门表示，调查发现，所谓“燕窝”只是“风味饮料”，因此在此次燕窝销售过程中，涉事直播带货公司存在“引人误解的商业宣传行为”，其行为违反了《中华人民共和国反不正当竞争法》的规定。根据《中华人民共和国反不正当竞争法》的规定，市场监管部门拟对其做出责令停止违法行为、罚款 90 万元的处罚。此外，该涉事直播带货公司的快手账号被禁 60 天。

同时，广州市市场监督管理局调查后认为，事件的责任方除了该直播带货公司还有燕窝风味饮品的品牌方。燕窝品牌方作为销售主体，也存在引人误解的商业宣传行为，其行为违反了《中华人民共和国反不正当竞争法》的规定，市场监督管理部门拟对其做出责令停止违法行为、罚款 200 万元的处罚。

直播电商特殊之处在于，如果主播是引流到其他店铺，而非自营店铺的话，其担任的其实是广告代言人的角色，而非交易主体。正因为如此，尽管双方都违反了《中华人民共和国反不正当竞争法》的规定，但是最终广州市市场监督管理局对涉事直播带货公司团队做出了罚款 90 万元的处罚，低于对品牌方公司罚款 200 万元的处罚。

(6) 申请仲裁，涉事直播带货公司提出赔偿

2021 年，燕窝造假事件又有新进展。因认为品牌方公司提供的产品说明等资料存在虚假信息，误导涉事主播进行了夸大宣传，涉事直播带货公司又于 2020 年 12 月向广州市仲裁委员会提起仲裁申请：要求品牌方公司支付其先行承担的赔偿金，并就“夸大宣传”等欺诈行为象征性赔偿损失 1 元。2021 年 7 月广州市仲裁委员会就此案件做出终局裁决，确认品牌方公司存在误导直播公司做出虚假宣传或引人误解的商业行为。

2. 市场乱象丛生，需追根溯源

(1) 并非个案，乱象丛生

燕窝造假事件反映出燕窝行业乱象丛生。很多产品借着燕窝的噱头，价格是同类产品的几倍以上。除了提高产品价格外，部分燕窝产品在宣传上也大费周章。例如，某品牌在一款燕窝红糖产品上标出了“真正的原汁燕窝红糖”的宣传语。然而，一位从事燕窝生产的业内人士称并没有国家规定的红糖标准。那么，该品牌宣称的“原汁燕窝红糖”的国家规定是指什么？食品安全国家标准食糖适用于以甘蔗、甜菜生产的原糖、白砂糖、绵白糖、赤砂糖、红糖、方糖和冰糖

等，其中并没有涉及燕窝红糖的相关标准。燕窝市场相关从业人员认为，如果没有针对性的国家法规，或者仅以一般性食品标准为理由，上述品牌燕窝红糖的宣传存在偷换概念误导消费者的行为。

(2) 标准缺失，亟须整顿

在业内人士看来，在当时，燕窝行业尚未出台严格的国家标准，这也是市场乱象的原因之一。由中国药文化研究会发布的鲜炖燕窝团体标准于2020年12月6日开始实施。该标准要求燕窝原料须检验合格并符合国家食品卫生安全标准，原料应不变色、不霉变、无异味。但对于燕窝的具体用料和分级并没有确切的标准。鲜炖燕窝团体标准存在两方面问题。其一，团体标准并非企业强制执行标准，很多企业并未采用这一标准；其二，该团体标准对燕窝的具体分类、级别等方面的规定并不全面。事实上，因燕窝缺失国家标准而引发的问题并非个例，此前也有其他燕窝品牌代工问题引发过热议。此外，由于燕窝行业无统一标准，行业门槛也随之降低。相关数据显示，2020年我国共有燕窝相关企业1.1万家，全行业74%的企业注册资本低于100万元。[①] 做燕窝生意较简单，只要拥有商标和营业执照即可，燕窝产品从原料到加工都可以委托给第三方代工厂。在此情况下，出台燕窝国家标准已经刻不容缓。全国城市农贸中心联合会燕窝市场专业委员会(国燕委)相关负责人曾表示，燕窝国家标准初稿已由国家食品安全风险评估中心牵头起草，2021年国燕委将推动燕窝行业标准工作，创建燕窝行业信息查询平台。

(3) 直播带货，监管困难

北京大学法学院教授薛军认为，网络交易市场监管执法中存在的平台相关交易记录“黑箱化”、执法者难以获取交易记录等问题有望得到消除。此外，他还表示，未来的网络交易市场监管，主要表现为通过技术性手段，对网络交易中可能存在的异常情况进行监测、预警以及定向取证和后续的处理。

针对燕窝造假事件中的责任界定问题，中国人民大学法学院教授刘俊海认为，如果该燕窝并未称为保健品只说是食品，那直播中所述是否存在欺骗行为还不能定夺。但是，“怀孕吃燕窝比较好”，是无法验证的广告语，如果无法验证，那就是虚假宣传。燕窝的营养成分若没有如实叙述，则违反了《中华人民共和国广告法》，广告也是需要符合真实性原则的。在此次事件中厂家误导了主

---

① 我国燕窝相关企业共1.1万家，上半年新增789家[EB/OL]. (2020-09-02)[2021-05-07]. http://k.sina.com.cn/article_1644114654_61ff32de020012hi0.html.

播，广州市市场监督管理部门这样的裁决是正确的，让厂家承担责任，有助于厂家从源头上诚信经营，避免为主播提供虚假的产品资料。同时，主播也付出了声誉代价，警告所有直播主播不要轻易为名实不符的产品做形象代言。

3. 带货频频“翻车”，直播质量堪忧

燕窝造假事件不仅反映了燕窝行业的问题，也再次把网络直播带货的质量安全问题拉回到了大众视野前。中国消费者协会发布的《“双 11”消费维权舆情分析报告》称，2020 年“双 11”期间，协会共收到 33.4 万余条与直播电商有关的投诉，消费负面信息主要集中在明星带货涉嫌刷单造假和售后服务满意度低、体验较差两个方面，并直接点名了一些参与直播带货的主播和明星。

为整治网络直播平台频繁发生的直播“翻车”现象，国家七部门联合发布了《网络直播营销管理办法(试行)》(简称《办法》)，自 2021 年 5 月 25 日起施行，致力于规范网络市场秩序，维护人民群众合法权益，促进新业态健康有序发展，营造清朗网络空间。《办法》规定，直播间运营者、直播营销人员从事网络直播营销活动，应当遵守法律法规和国家有关规定，遵循社会公序良俗，真实、准确、全面地发布商品或服务信息，不得发布虚假或者引人误解的信息，欺骗、误导用户。

(三) 事件影响

此次燕窝造假事件，从法律上看，广州市市场监督管理局的调查结论厘定了网络直播主体在“直播带货”中的责任边界，对规范广州市直播电商行业具有积极意义。此外，事件还给网络直播主体敲响了警钟，直播主体在商品或服务的推广过程中必须具有主体责任意识，对商品或服务做真实的、审慎的推广，不能把责任一味推给品牌方。广州市市场监督管理局表示，下一步将坚持依法行政，严厉打击网络直播营销活动中的违法行为，切实保护消费者合法权益，同时，也将会同有关部门规范网络直播营销活动，引导行业自律，促进网络直播营销行业健康有序发展。燕窝造假事件随着两个经营主体的受罚而告一段落，但新兴领域层出不穷的网络销售形态所隐藏的食品安全问题却成为不得不重视的话题。监管部门未雨绸缪，保障老百姓“购物车”的安全，还需要更有智慧的治理手段。

三、案例教学参考

(一) 教学目标

(1) 帮助学生了解食品安全的基本概念，增强对食品安全事件的认知。

(2) 帮助学生了解食品安全问题发生的原因以及如何做好食品安全工作。

(3) 帮助学生了解食品安全的过程控制,启发学生思考如何从食品链条上把控做好食品安全监管工作,如何在新兴的直播行业把控好食品安全。

(4) 帮助学生深入了解食品安全案例,在学习、分析案例的过程中提高食品安全意识,增强自身防护能力。

(二) 课前准备

1. 教师

(1) 在理论学习进展到一定阶段时,预告后期案例教学的开展时间,提前下发案例文本和相关材料,布置案例教学任务,留出一段时间让学生搜集资料。

(2) 结合公共安全与应急管理中有关食品安全事件的知识,设计课堂上的启发思考题目。这些题目要比案例文本中所提到的问题更加深入。

(3) 设计整个案例教学的环节和时间安排,确保紧凑高效地在既定时间内完成案例教学并解答学生可能提出的疑问。提前考虑课堂中不属于教师控制部分可能发生的非常状态,如学生在讨论发言阶段过于热烈或者冷场时,怎样进行现场调节。

(4) 多搜集主题案例的同类案例或案例中的同类做法,从个性到共性逐步过渡。在讲课时将这些案例穿插进去,提高课堂的信息量,使课堂更具生动性、发散性。

(5) 要将传统教学手段与多媒体技术有机结合,向学生充分展示事件的整个发展过程,组织学生观看事先准备好的权威新闻报道,之后进行小组讨论,引导学生发现问题、发表想法。

2. 学生

(1) 提前阅读案例,追踪案例在现实中的最新发展。

(2) 提前搜集准备与案例相关的科学理论知识,将理论与实践结合,分析案例。

(3) 提前思考案例中存在的一些问题,尝试寻找答案(包括理论上的答案和现实解决方案),在课堂中提出。

(三) 案例导入

询问学生是否有通过直播买货的经历,请有经历的学生分享消费体验或者请学生分享关于网络直播卖货的观点看法,进而引出主题案例,引导学生进行案例分析。

（四）要点分析

1. 我国食品安全监管中存在的主要问题

(1) 科学技术的作用尚未充分发挥

随着对食品安全研究和认识的不断深化可知，食品安全的管理不仅仅是行政和法规的管理，更是科学技术的管理，有力的科学技术支撑是实施有效监管的重要基础和保障。这不仅需要装备等硬件方面的提升，特别还需要监管者本身的科技素质和科技能力的提高。

(2) 监管效率仍待提高

近年来，食品安全监管体制多次变动，相对集中监管是改革的重点。从中央政府层面看，建立了新的食品安全监管体制，但在部门间协调与合作的监管中，不同体系和要素的冲突、交叉、空白等问题仍需要进一步梳理解决。另外，地方监管体制和机构的改革仍未全部到位，有些地方更大程度的改革正在进行，其效果有待观察和证实。但必须注意的是，原有体制中引发效率低下的一些因素并未完全消除，提高监管效率仍是体制改革和完善的应有之义。

(3) 监管机制和监管方式亟待健全完善

分析我国食品安全监管机制和监管方式可知，事前特别是审批的监管机制明显强于事中、事后的监管机制，甚至给公众造成了“重审批、轻监管”的认识。从监管方式看，“运动式”的治理方式采用较多，而稳定有效的长效监管机制明显不足。在监管体制改革告一段落后，应将改革的重点转移到监管机制和监管方式上，通过制度创新、管理创新、科技创新，构建科学高效的监管机制和监管方式。

(4) 完善法制与法治

从法制角度看，现行食品安全法律体系更多还是构建或建立在“事后惩治”的模式基础上，法律制度不够完备。此外，对于加大违法成本即惩罚性民事赔款制度研究不够，尚未形成对违法行为的约束，当生产者的社会责任和道德约束不够时，如果违法风险很低，则难以遏制风险的蔓延。此外，从法治角度看，还需要花大力气解决食品安全中的有法不依、违法不究、执法不严等问题。要努力使守法者获得守法收益，违法者必须付出违法成本。

(5) 风险交流机制不健全

风险交流是现代食品安全管理中的重要组成部分，有利于防止风险的扩大和蔓延，有利于消费者防范意识和防范能力的提高。对风险交流价值的认识不充分，食品安全信息披露的时效性、公开性、透明性不够，导致了近些年在食品安全领域非理性宣传的存在，甚至导致了一些人为造成的恐慌。因此，建立科学完善的风险交流机制刻不容缓。

(6) 综合监管能力不足，专业化程度不高

由于越来越多的因素渗入食品生产经营，因此监管中涉及的方面越来越多，对监管的综合能力要求也越来越高。目前，食品安全监管机构的综合监管能力亟待提升，任何一块短板都可能导致监管效能的下降。另外，监管队伍中一部分人特别是一线监管人员的专业化能力不够，在监管和执法中对问题原因判断不准确，影响了对“第一时间”“第一现场”的判断能力，难以做到“早发现、早控制、早处置”。

2. 食品安全监管主要手段

(1) 创新监管模式，提升监管效能

政府应根据实际情况推出食品生产经营单位分类分级监管模式。应根据不同业态、规模食品生产经营单位的风险因素，将其分为高风险、中度风险和一般风险三个级别，根据日常监督检查结果，将其分为良好、一般、较差三个等次，按照不同风险等级实施差异化监管，推动食品安全监管由追求频次向注重实效转变。紧扣“管出公平、管出秩序、管出活力”目标，开发上线“双随机＋网格化”工作机制信息化平台，构建“新建—派发—执行—处置—反馈”工作闭环，做到全过程记录、可回溯管理。

(2) 推进智慧监管，提升精细化水平

建议将生产企业、学校食堂、大中型餐饮店等高风险食品生产经营单位全部接入视频智能分析平台，实现九大类生产经营单位不规范行为的人工智能抓拍、即时推送和预警推送“三结合”，做到智慧监管。开发食品从业人员线上培训系统，以互联网为载体组织食品生产经营单位的从业人员在线培训考核，形成学习内容全方位、从业人员全覆盖、培训考核全天候发展的模式。

(3) 落实政府监管责任，强化地区属地责任

食品监管部门需要从难度较大的源头监管和过程监管上下功夫，增强执法能力，加强对执法人员的培训，完善执法操作流程，发挥专业食品监管人员的“传帮带”作用，切实提高执法队伍的素质，加强食品源头监管力度和食品检测力度。此外，各地区基层政府对食品生产加工小作坊和无证照餐饮摊贩等问题

做到第一时间发现、第一时间监管，对关系到地区食品安全的外来食品进入中转站食品批发市场严格把关。

3. 多元主体在食品安全社会共治中的作用

(1) 保障食品安全社会共治需要政府严格依法监管

食品是公共产品，保障食品安全是政府的责任，政府是食品安全监管的主体，在食品安全社会共治中起着重要作用。政府部门在食品安全治理中的主要职责是：制定和执行食品安全法律法规；建立监管体系和制度；监测国家食品安全的状况、评估和分析食品安全整体风险；承担对食品生产和流通的安全监督和管理。无论是制定政策、制定标准还是市场监管，无论是审批许可还是执法监督，政府始终是食品安全监管的权力者和责任者。所以，政府需要积极履行其监管者的法定职责，及时发现问题，并做到执法到场、有效处置，确保食品安全。

(2) 实行食品安全社会共治需要落实企业主体责任

根据现代监管理论，监管可以使风险无限降低，但并不意味着零风险。现实中，技术手段无法涵盖所有基于利益驱动的违法添加或不法商贩的恶意隐瞒。换言之，监管部门在穷尽了突击抽检、原料进货查验、索证索票等传统管理方法，以及使用标准、风险评估和检验检测等现代化监管手段后，客观上对潜在风险依然无能为力。保障食品安全，既是公权的责任，也是市场的责任。食品企业的责任是第一位的。如果生产者只生产安全的食品，销售者只销售安全的食品，那么整个社会就不会有食品安全之忧。从这个意义上讲，企业是食品安全的第一责任人，承担主体责任。既然企业承担了食品安全的主体责任，那么就必须从法律制度上落实其主体责任。例如，食品生产企业的准入门槛应该提高，食品生产的加工环节、原料添加等一切与食品生产安全有关的过程，都应该可控和高度透明。又如，企业生产不安全食品应当承担法律责任。就民事赔偿责任而言，目前食品安全问题被追责的概率偏低，赔偿标准不高，这使得企业违法生产的成本较低，不足以使企业有所忌惮。所以，提高企业责任承担份额，加大企业第一责任人的责任，是社会共治的重要内容。对企业的诚信情况进行评估并建立“黑名单”制度是实行社会共治的重要内容。

(3) 食品安全社会共治需要行业自律与社会他律共同生效

企业责任扩展开来，就是行业责任。食品安全是食品企业共同体的行业利益、共同利益。食品生产如果丢失了安全，就会危及整个食品企业的共同利益和最大利益。所以，食品生产的各种行业协会、组织，要切实承担其职责。一是要把所有食品企业组织起来；二是要制定和完善行业管理的规章制度；三是食品企业应履行其行业管理责任。相关的食品行业组织不仅要用行规处置那些违法违规的食品企业，自身还应当承担一定的连带责任。对食品行业组织要进行政府和社会的监督和评估，奖优罚劣，可以利用现代信息技术和手段，对行业组织的活动以及绩效进行评估和考核。

当然，行业自律的作用也是有限的。为了弥补其有限性，还需要依靠社会监督。不受监督的企业和行业会危及食品安全。所以，社会监督是保障食品安全环节中不可缺少的重要一环。就社会监督而言，公众监督在其中发挥着重要作用。公众要有安全消费意识，要自觉抵制虚假广告和假冒伪劣产品。此外，食品领域的民众维权、公益诉讼，在一定程度上可以提高违法者的违法成本，促使经营者自律；而消费者组织、行业协会等社会组织在法律实施中也具有独特功能。因此，政府应从更广阔的视野去看待这些力量，给予他们充分的支持和更大的生存空间，进行合理引导，发挥其积极作用。

（五）课堂组织

根据案例所涉及的内容，对内容分课时进行安排。案例所涉及的概念、主要内容、现状问题分析部分需 1 课时。教师对每部分内容进行分析，引导学生对案例进行讨论，针对案例及案例相关问题的回答及讨论部分需 1 课时。学生对讨论结果进行汇报，其他同学点评并提出疑问，老师补充重要的遗漏知识点、纠正学生的认识误区部分需 2 课时。

（六）延伸思考

（1）食品安全事件中网络舆情的重要性体现在哪些方面？政府该如何应对？

（2）怎样完善食品安全监管体系？

（3）了解各城市食品安全感差异以及差异产生的原因。

（4）探索科学、技术对食品安全问题的正负效应，运用科技伦理理论分析食品安全问题。

6

第六章

城市交通安全

一、城市交通安全事件

党的十九大报告明确了坚持总体国家安全观，必须坚持国家利益至上，以人民安全为宗旨，以政治安全为根本，统筹外部安全和内部安全、国土安全和国民安全、传统安全和非传统安全、自身安全和共同安全。

城市公共安全是总体国家安全观的重要内容之一。国家统计局数据显示，2019 年我国常住人口城镇化率首次超过 60%，[①]这意味着我国将提前一年完成《国家新型城镇化规划（2014—2020 年）》提出的“常住人口城镇化率达到 60%左右”的发展目标。然而，当前的城市运行管理仍不能解决快速增长的城镇化水平带来的诸多问题。化解城市安全风险涉及城市运行管理的方方面面，成为人民追求美好幸福生活的迫切愿望。因此，对城市交通安全事件的研究愈发重要。

（一）城市交通安全事件的概念

1. 城市交通安全事件

交通安全是指人们在道路上进行活动时，要按照交通法规的规定，安全地行车、走路，避免发生人身伤亡或财物损失。道路交通现代化的特征是安全、快捷、方便和舒适等，其中安全是重要的前提条件。

城市交通安全事件是指受到人、车、路、环境等复杂因素的影响，对城市以及人员造成伤亡或者财产损失的事件，其可能是由不特定的人员违反道路交通安全法规造成的，也可能是由于地震、瘟疫、飓风、洪水等不可抗拒的自然灾害所导致的。

2. 城市交通安全事件的分类

按成因划分，城市交通安全事件主要分为机动车交通安全事件、非机动车交通安全事件以及其他交通安全事件等。其中，机动车交通安全事件包括汽车、摩托车、拖拉机等所引起的交通安全事故，非机动车交通安全事件包括自行车、三轮车、人力车等所引起的交通安全事故。

按事件划分，城市交通安全事件主要分为可预测性的和突发性的两种：① 可预测性的城市交通安全事件，例如道路养护、大型活动等，决策者通过掌握和运用有关原理、程序和方法，对城市交通安全做出科学的预测，从而使得事

---

① 贾珅.新时代推动城镇化高质量发展的着力点[EB/OL].(2020-09-11)[2021-05-07].http://theory.people.com.cn/n1/2020/0911/c40531-31857452.html.

件发生在可控范围内;② 突发性的城市交通安全事件包括交通事故、恶劣天气、桥梁或道路的坍塌等,是指事件突然发生,造成或者可能造成严重社会危害,威胁城市交通安全,需要采取应急处置措施予以解决的城市交通安全事件。

(二) 城市交通安全事件的成因

随着我国城镇化的不断推进,城市经济迅速发展,城市人口不断增加,城市交通得到快速发展。与此同时,城市机动车保有量也在持续增加,随之产生的交通事故频发、交通拥堵等问题日益突出,城市交通安全面临严峻的挑战。城市交通安全在城市发展过程中具有至关重要的作用。造成城市交通安全事件的成因主要为以下三种①。

1. 出行总量快速增加,拥堵问题突出

不管是在特大型、大型,还是中小城市中,都普遍存在着城市人口急剧增长,社会车辆尤其是私家车总量增长迅速的现状。此外,由于历史因素所造成的城市人口分布与城市功能定位不匹配,也影响了城市交通的畅通。一般来说,虽然新城区的交通状况好于老城区,但也都不同程度地出现了拥挤情况。

2. 交通出行方式多样,事故点多

在交通出行方式中,地铁、轻轨、快速公交、普通公交、小客车等公共交通出行方式约占总出行方式的一半,私家车、电动自行车、自行车和步行等交通出行方式占一半。除了轨道交通的线路为封闭式专用道路、城市快速道路为部分封闭式机动车专用道路外,其余道路大部分为混合型道路,机动车、非机动车、行人之间事故点众多,常引发交通事故。

3. 道路设施和安全设施不完善、不平衡

在道路交通设施和安全设施的硬件条件、交通标线、交通组织和应急救援等方面,部分城市的个别路段软、硬件条件相对完善,但大部分道路设施和安全设施并不完善。总体而言,大城市的道路设施和安全设施优于小城市,新城区的道路设施和安全设施优于老城区。

(三) 我国城市交通安全概况

党的十九大立足新时代新征程,做出了建设交通强国的重大决策部署,这是以习近平同志为核心的党中央对交通运输事业发展阶段特点和规律的深刻把握,是全国人民对交通运输工作的殷切期望,也是新时代全体交通人为之奋

---

① 崔玉彬.城市交通安全问题探讨[J].科技视界,2015(11):264.

斗的新使命。长期以来，我国道路交通发展和社会经济之间的矛盾日益明显，交通管理工作存在的深层次矛盾已经慢慢显现出来，道路交通安全形势十分严峻，交通事故发生的频率也逐年提升，城市道路拥堵的问题在一些大城市十分严重，这使国家与人民群众的生命财产遭受了巨大的损害，在某种程度上妨碍了我国社会经济的发展和人民群众物质文化水平的进一步提高。

我国 2016—2019 年不同交通事故类型发生数见表 6-1。表 6-1 显示，近 4 年来交通事故发生数变化较小，2019 年在各种事故类型中机动车交通事故发生数 215 009 起，占总交通事故发生数的 86.82%。其他交通事故发生数最少，仅占总交通事故发生数的 0.06%。非机动车以及其他交通事故发生数自 2016 年起呈小幅度增长趋势。

表 6-1　我国 2016—2019 年不同交通事故类型发生数①

年份		2019 年	2018 年	2017 年	2016 年
指标	交通事故发生数总计/起	247 646	244 937	203 049	212 846
	机动车交通事故发生数/起	215 009	216 178	182 343	192 585
	非机动车交通事故发生数/起	29 049	25 556	18 144	17 747
	行人乘车人交通事故发生数/起	3 432	3 045	2 470	2 443
	其他交通事故发生数/起	156	158	92	71

2005 年至 2015 年，我国交通事故发生数由 450 254 起降低至 187 781 起，下降幅度大，交通事故发生数下降一半之多，全国交通情况逐渐好转，但是从 2015 年至 2019 年，我国交通事故发生数上升，上涨至 247 646 起。② 因此，加强城市交通安全的关注度，控制并且降低事故的发生，制定好适合处理城市交通事故的应急预案仍是我们的关注点。

二、案例资料

案例资料Ⅰ:西安“11·13”重大道路交通事故

（一）事件背景

2018 年 11 月 13 日，陕西省西安市纺渭路发生一起重大道路交通事故，一

① 国家统计局社会和科技统计局. 中国社会统计年鉴:2020[M]. 北京:中国统计出版社,2020.

② 同①.

辆载有12人的陕A牌照的面包车，由南向北行驶至纺渭路窑村附近时遇路面大坑，紧急避让时与由北向南行驶的一辆货车迎面相撞，发生事故。事故造成10人死亡，2人受伤，直接经济损失635万元①。

（二）事件始末

2018年11月13日，驾驶人张某某驾驶一辆面包车（核载7人，实载12人）遇坑槽向左避让，驶入对向车道，与相对方向驾驶人裴某某驾驶的货车正面相撞，造成面包车上9人当场死亡，1人经抢救无效死亡，2人受伤，2车受损。

事故发生后，当地公安交警、消防等部门人员立即行动，赶赴现场，迅速组织人员施救，并对货车驾驶人裴某某实施控制。当地检察院检察长即刻指派副检察长带队，由该院侦查监督部部长、驻国际港务区办公室主任及一名员额检察官组成应急案件处理小组，赶赴办案一线，一方面走访交警大队，查看事故现场，了解取证情况及办案进展；另一方面，与国际港务区相关部门领导进行沟通，了解被害人身份、家庭情况及善后安抚工作的进展情况。西安市及国际港务区委、区政府迅速启动应急预案，有关领导亲临一线组织开展事故救援和前期勘察工作，并成立西安"11·13"重大道路交通事故处置工作领导小组，下设6个组分头开展工作。陕西省委、省政府相关负责同志带领省直机关有关部门人员赶赴现场，指导事故处置和伤亡人员救治、善后等工作。

2018年11月16日，西安市卫健委召开了全委系统安全生产工作紧急会议，委员会领导班子全体成员参加会议。会议传达学习了陕西省、西安市安全生产工作会议和省长、常务副市长讲话精神，通报了西安"11·13"重大道路交通事故情况，并结合全委系统安全生产形势，就下一阶段安全生产重点工作进行了再安排、再部署。会议就扎实做好西安市卫健委系统安全生产工作提出五点明确要求：一是清醒认清严峻形势；二是全面落实工作责任；三是扎实开展隐患排查；四是加强安全基础建设；五是切实提高应急能力。同时，会议对近期西安市卫健委系统平安建设、信访维稳等工作也进行了安排部署。

2019年5月27日，西安市政府召开西安"11·13"重大道路交通事故责任单位约谈会。会议通报了陕西省政府调查组关于西安"11·13"重大道路交通事故的调查情况及有关要求。西安市市长强调，各级各部门要深入学习贯彻习近平总书记关于加强安全生产工作的重要论述，要提高站位，强化担当精神和

① 西安"11·13"重大道路交通事故调查报告[EB/OL].(2019-04-30)[2021-05-07]. http://yjt.shaanxi.gov.cn/upload/resources/file/2020/07/22/33151.pdf.

忧患意识，吸取教训，举一反三，扎实整改，切实保护好市民群众生命财产安全。

（三）事件原因

1. 直接原因

经调查认定，张某某驾驶面包车行经事故地点坑槽障碍处前，驶入对向车道，遇对向裴某某驾驶的货车时处置不当，导致面包车正面与货车左前部相撞。

一是驾驶人张某某驾驶车辆行驶至坑槽障碍处，处置不当，驶入对向车道，是导致事故发生的主要原因，其违法超员行为（超员70%以上）加重了事故损害后果。

二是货车驾驶人裴某某非法加装LED前照灯，夜间行驶会车时开启远光灯，影响对向车辆行车安全；货车制动不符合规定（经鉴定，该车制动系统第三轴右轮铆钉凸出），致遇危险情况制动距离延长。另经技术鉴定，排除了驾驶人身体疾病、酒驾、毒驾以及驾驶过程中接打电话、上网等因素导致事故发生的嫌疑。

2. 间接原因

一是隐患排查治理不及时。事故点坑槽出现于2018年11月3日夜间，经车辆不断碾压逐渐扩大，道路养护部门发现道路安全隐患后，未按规定设置警示防护标志，未在现场监视直至应急处置人员到场，履行职责不到位。事发地点道路中心车道分隔黄虚线及两侧机非分隔白实线因磨损显示不清，地面标线缺失。

二是有关企业安全生产主体责任落实不到位。市政配套公司未按规定设置安全管理机构，无专职安全管理人员，安全管理缺失。市政配套公司安全管理制度不健全，道路安全隐患排查、维护制度缺失，道路隐患排查、治理、验收、销号等环节把关不严、监管不力。

三是地方公安交管、市政建设、交通运输等部门安全监管不到位。西安市公安局交通警察支队路面管控不严，对车辆超员、非法改装等严重违法行为查处不力；国际港务区建设局对市政配套公司安全管理制度不健全，道路安全隐患排查治理监管不到位；未央区交通运输局未严格加强道路运输企业安全监督检查，对道路货运经营许可把关不严。

（四）舆论风波

事故发生后，陕西省委书记作出批示，要求省市相关负责同志迅速赶赴现场处置，要求西安市、陕西省卫健委一定要全力以赴救治伤员，责令公安部门要尽快查明事故原因，并妥善做好善后工作。陕西省省长要求，迅速组织专家对伤者进行抢救，安排力量妥善处理善后工作。同时，陕西省领导及相关部门负责人立即赶赴现场，成立处置工作领导小组，迅速开展工作，2 名伤者被送往医院接受治疗。与此事件的有关的文字、图片和视频等各类信息在互联网上传播。新华社、公安部交通管理局等对此进行的相关报道，引起了网友的高度关注。网友纷纷表达愿逝者安息，同时对肇事者进行了批评，并警醒自身“珍爱生命，遵守交通规则”。

（五）政府部门应急管理措施

事故发生后，西安市及国际港务区委、区政府迅速启动应急预案，公安、消防等部门人员立即行动，组成应急案件处理小组，成立西安“11·13”重大道路交通事故处置工作领导小组，赶赴办案一线，指导事故处置和伤亡人员救治、善后等工作，时刻关注案件进展，随时准备依据事故调查情况做出快速反应。

2018 年 11 月 15 日，西安市通报了西安“11·13”重大道路交通事故情况，分析了安全生产形势，对下阶段重点工作做了安排部署。各街办、各部门要提高站位，高度重视安全工作，深刻汲取事故教训，充分认识安全工作面临的严峻形势，进一步强化“红线意识”和“底线思维”，牢固树立“安全第一”的发展理念，切实抓好安全工作，确保城市安全运行和居民群众生命财产安全。①

案例资料Ⅱ：庆阳市正宁县“11·16”重大道路交通事故

（一）事件背景

2011 年 11 月 16 日，甘肃省庆阳市正宁县一辆运送幼儿的校车（核载 9 人、实载 64 人），由西向东行驶至正宁县正（宁）周（家）公路榆林子镇下沟村一组砖厂门前路段时，与由东向西行驶的一辆重型自卸货车发生正面相撞，造成 21 人死亡、43 人受伤②。

（二）事件始末

2011 年 11 月 16 日上午，正宁县一所民办幼儿园校车由司机杨某某驾驶，搭载幼儿及教师（车辆核载 9 人，实载 64 人），与一辆自卸货车迎面相撞，造成

---

① 刘国中在全省安全生产紧急电视电话会议上强调 深刻汲取事故教训 筑牢安全生产防线[EB/OL].(2018-11-15)[2021-05-07]. http://yjt.shaanxi.gov.cn/c/2018-11-15/519326.shtml.

② 甘肃正宁“11·16”校车事故 18 名责任人被追究责任[EB/OL].(2012-08-02)[2021-05-10]. https://www.gov.cn/jrzg/2012-08/02/content_2197217.htm.

交通事故。

甘肃省庆阳市委宣传部下午通报该起幼儿园校车事故，确认已经造成21人死亡。在死者中，除了这辆校车的司机和带队老师外，其余人员都是幼童。该校车相关手续合法，但核载9人，实载64人，属严重超载。当地已经组成专门调查组，将彻查事故原因，严肃处理相关责任人。据报道，出事校车隶属一家农村幼儿园，事发时严重超载并逆向行驶，且事发时有雾，路况能见度低。

经初步分析，事故原因主要有以下几个方面：一是校车驾驶人员安全意识淡薄，严重违规超载，左道超速逆行；二是幼儿园私自改装车辆，逃避监管，车辆限定9座现改装为无座；三是幼儿园董事长李某某安全责任意识不强，没有尽到第一责任人的责任；四是受大雾天气影响，货车和校车司机遇到紧急情况时处置不力；五是教育、交警部门监管不力。

事故发生后，正宁县第一时间成立事故处理领导小组，统筹协调做好事故处理工作，并全力救人，调集最强、最优秀的医护人员抓紧抢救伤员。此外，还开展对伤亡人员家属的安抚工作。

一是立即启动应急预案。接到事故报告后，正宁县委、县政府高度重视，主要领导在第一时间带领分管领导和相关部门负责人赶赴事故现场，立即召开现场救治会议，启动道路交通事故Ⅱ级响应，成立了由县委、县政府主要领导任总指挥，分管领导具体负责的“11·16”事故救援工作的领导小组，下设医疗救治、现场处理、善后处理、安全维稳、信息报送等五个工作组，每个工作组由相关领导具体负责，全力开展抢救工作。同时，在第一时间将事故情况向市委、市政府及市直相关部门做了汇报。

二是全力开展救治工作。由正宁县委、县政府分管领导具体负责，紧急调集救护车，组织医护人员，迅速赶赴现场开展抢救。正宁县人民医院和中医医院抽调医疗骨干对重症病人和危重病人分别制定治疗方案迅速抢救。庆阳市卫生局组织市人民医院专家携带血源和应急药品，赶赴正宁县指导抢救。同时，从公安部门抽调警力在正宁县人民医院、正宁县中医医院和事故现场维持秩序，保证了救治工作顺利进行。在救治过程中，信息报送组随时掌握救治动态，及时组织上报救治进展情况。

三是积极做好家属安抚工作。由正宁县委副书记和常务副县长具体负责，分别前往正宁县人民医院和正宁县中医医院看望受伤人员，县乡抽调干部130多人，政府部门对伤亡人员家属全面落实了县级领导、乡镇、村、组干部“四对一包户”工作制度，同时做了细致的情绪安抚工作，配合教育、民政、信访、公安等部门，积极做好死亡人员家属的情绪安抚和周边群众的稳控等工作，并着手提前制定事故善后处理方案。死亡和受伤人员家属及周边群众情绪基本得以稳定。

四是及时开展事故调查工作。事故发生后，肇事货车司机樊某某和幼儿园董事长李某某已被县公安局刑事拘留。经调查，校车核定乘员 9 人，实际搭乘 64 人，属严重违章超载，其他原因正在进一步调查之中。同时，对全县范围内的校车全部停运整顿，对校车驾驶人员进行集中培训，待检验、培训合格后再投入运营。

此外，甘肃省委领导高度重视，作出重要指示。庆阳市委书记要求：第一，指派分管领导立即赶赴现场，全力救治伤员，最大限度防止死亡；第二，要全力安抚家属，防止发生群体性事件；第三，要严查事故原因，依法严肃处理事故责任人。庆阳市委副书记、市长要求：一是由市政府分管领导带领公安、卫生、应急等部门工作人员立即赶赴现场，迅速指挥抢救受伤人员；二是市县有关部门要妥善做好死伤者家属的安抚工作，确保社会稳定；三是公安等部门要尽快对事故原因进行详细调查，迅速查明事故原因；四是市政府要立即召开会议，就加强当前道路交通安全工作进行安排部署，迅速进行道路交通安全隐患排查，严防不安全事故发生；五是正宁县委、县政府全力以赴开展事故现场救援，做好稳控工作。按照省、市领导指导和要求，庆阳市委负责领导先后带领公安、应急、卫生等部门负责同志迅速赶赴现场指导救治，并于 2011 年 11 月 16 日下午召开紧急会议，对救治工作进行再安排、再部署。11 月 17 日从庆阳市正宁县召开的庆阳市正宁县“11・16”重大交通事故新闻发布会上获悉，涉及此次事故的正宁县分管副县长及教育局局长已被停职。

11 月 19 日，正宁县人民检察院依法对庆阳市正宁县“11・16”重大交通事故犯罪嫌疑人李某某以涉嫌交通肇事罪批准逮捕。

据悉，李某某是正宁县该起幼儿园校车事故的董事长，在经营幼儿园期间，曾购买营运金杯面包车一辆，随后对该车后座进行私自改装，作为幼儿园校车。正宁县人民检察院认为，李某某作为幼儿园董事长、幼儿园校车的所有人，违反交通运输管理法规，私自改装车辆，指示他人严重超载驾驶，造成庆阳市正宁县“11・16”重大交通事故，其行为已触犯《中华人民共和国刑法》第一百三十三条之规定，决定以涉嫌交通肇事罪批准逮捕。事故发生后，校车事故幼儿园被取消办学资质。庆阳市委、市政府停止 2012 年公车更新计划，将预算资金全部用于购置标准化校车。

（三）事件影响

这条本该一路平安的上学路，却处处隐患。一场事故过后，交通肇事的犯罪嫌疑人被刑拘并接受惩罚，相关领导和责任人受到调查和处置，几十个家庭陷入悲痛之中，更让无数的人陷入反思之中。校车事故的频频发生，每一起悲剧的背后，我们都能看到相似的原因，诸如管理混乱、严重超载、车况不达标、司机不合格等。校车的管理工作涉及公安、交通运输、安全生产监督、教育等多个部门，各部门要承担自己的监管责任，规范各方的监管职责，保证各方切实地履职到位。

这一事件在社会层面受到极大的关注，“谁应该为校车安全负责”“如何让校车更安全”等话题引起广泛的讨论。事件发生后，国务院领导同志高度重视并作出重要批示，要求相关部门全力以赴做好伤员救治和善后处理工作，认真查明事故原因，依法依规严肃处理相关责任人员，切实加强校车安全管理工作；同时，要求相关部门制定《校车安全条例》，该条例要解决的一个核心问题就是由谁来担负校车成本。

（四）舆论风波

车祸发生后，与此有关的文字、图片和视频等各类信息在互联网上传播。有网友认为，在一些发达国家司空见惯的校车，在国内个别地区仍属稀缺资源，因此超载成了“家常便饭”；也有网友认为我国对校车所制定的标准不够规范和严格，导致车辆安全性较差；而有更多的网友表示，校车之所以会出现如此严重的超载并发生重大伤亡事故，归根结底是因为校车制度缺失且监管不力。

童话大王郑渊洁说：“校车必须是一个国家最坚固的汽车。”新浪微博发起“是什么导致校车事故屡禁不止？”的话题。网友认为，校车事故发生的原因有：社会监管缺失、公众交通安全责任意识不够、校车资源缺少导致超载严重、校车质量标准太低等。

（五）政府部门应急管理措施

2011 年 11 月 16 日，甘肃省教育厅向各市（州）教育局、各高等学校、厅直各学校下发了《关于加强校车管理确保师生生命安全的紧急通知》。通知要求，各地教育行政部门要与公安交通管理部门积极协调，按照各自的职责，加强对校车的源头管理。各级教育行政部门要监督本地中小学、幼儿园使用符合安全标准的客车作为校车，严禁租用及使用三轮汽车、低速载货汽车、已到报废期限的客车用作校车。各级各类学校特别是中小学、幼儿园使用校车时要做到认真检查车辆装备质量情况、与校车驾驶人逐车逐人签订安全行车责任状，督促驾驶人规范行驶，杜绝安全事故，确保师生生命安全。通知明确，校车驾驶人必须具备相应准驾车型3年以上安全驾驶经历、最近3年内任一记分周期没有记满12分记录、无致人伤亡的交通责任事故。对不符合上述条件的驾驶人驾驶校车的，要依法追究车主和有关单位负责人的责任。

此次事故发生后，校车交通安全问题受到了党中央、国务院领导同志的高度重视，受到了社会各界的广泛关注。早在2010年7月1日，国家就出台了《专用小学生校车安全技术条件》，明确规定校车运载学生人数不得超过核载人数；小学生校车每座必须配备安全带、安装"汽车黑匣子"，至少应设置两个应急出口。同时，该标准还对校车座椅、内饰材料、出口、车窗、校车标识的组成、式样、车身外观涂装、标牌及停靠站点标志等做出了明确规定，并指出双层客车、铰接客车等不应作为校车。然而，根据从各方面获得的消息来看，这部国家标准遭遇了"执行难"。

2012年3月28日国务院通过了《校车安全管理条例》。该条例确立了我国校车安全管理的基本制度，明确了政府和相关部门在校车安全管理工作中的职责任务、学校和校车服务提供者的责任和义务，为加强校车安全管理、保护中小学生上下学交通安全提供了法律保障。

三、案例教学参考

（一）教学目标

（1）帮助学生了解城市安全以及城市交通安全事件的相关概念、分类、成因。

（2）通过案例引导学生思考我国类似的交通安全事件起因以及相应的应急管理措施。

（3）引导学生结合案例思考公共部门在维护公共安全过程中的角色定位，公共部门应该做什么，以及如何把握政府、媒体、公众三者之间的关系。

（4）让学生了解突发性事件预防机制以及正确快速进行舆论应对的重要性。

（二）课前准备

1. 教师

（1）在理论学习进展到一定阶段时，预告后期案例教学的开展时间，提前下发案例文本和相关材料,布置案例教学准备任务,留出一段时间让学生搜集资料进行课前准备。

(2) 结合公共安全与应急管理中有关城市交通安全事件应对的知识,设计案例教学的启发思考题目。这些题目是案例文本中所提到的问题的进一步提升,文本中所提到的问题具有特殊性,课堂上提的思考题更有普遍性。

(3) 设计整个案例教学的环节和时间安排,确保紧凑而高效地在既定时间内完成案例教学以及解答学生可能提出的疑问。提前考虑课堂上在不属于教师控制部分可能发生的非常状态,例如学生在讨论发言阶段过于热烈或者冷场时,怎样进行现场调节。

(4) 多搜集主题案例的同类案例或案例中的同类做法,从个性到共性逐步过渡。在讲课时将这些案例穿插进去,提高课堂的信息量、生动性,并启发学生用更开阔的视野去思考案例中遇到的具体问题。

(5) 要将传统教学手段与多媒体技术有机结合,向学生充分展示事件的整个发展过程。首先,可以利用多媒体设备播放相关新闻报道视频;其次,画出事件的关键点发展图并指导学生上网查找相关资料,进行事件调查;最后,结合教学内容,建立研究小组,指导学生对感兴趣的内容进行研究,写出小型调查报告,并向老师、同学进行汇报。

2. 学生

(1) 提前自行阅读案例,并追踪案例在现实中的最新发展。

(2) 提前搜集准备案例相关的应急管理知识,例如城市交通安全事件的诱因,政府的舆情应对措施等。

(3) 提前思考案例中存在的一些问题,尝试寻找答案(包括理论上的答案和现实解决方案),并在课堂中提出。

(三) 案例导入

课前通过案例回顾,让学生了解西安“11·13”重大道路交通事故和庆阳市正宁县“11·16”重大道路交通事故起因始末,向学生展示案例背景信息和相关图片,引发学生对于突发城市交通安全事件的思考。让学生从事故发生前、事故发生时、事故发生后三个方面思考并做出总结。让学生分组,每小组用一句话总结对此次事件的看法。学生的每次发言都记录并回应,邀请学生带着问题探究此案例。

（四）要点分析

1. 城市交通安全问题

在我国，随着机动车保有量的快速增长，城市交通安全问题已经成为重要问题之一。城市交通安全受到人、车、路、环境等复杂因素的影响，每年都会对城市以及人员造成严重的伤亡或者财产损失。城市交通事故的发生很大部分取决于交通冲突点的存在。交通行为者每遇到一次交通冲突，就必须在通行效率和交通安全之间寻找均衡点，即交通行为者首先要保证自己的人身安全，其次也不愿意因为过度地考虑安全因素而使自己丧失通行权。因此，交通行为者必须身处动态交通系统中，对复杂的其他交通行为者的行进状态进行感知判断，在确认自身能够安全通过时，才会实施决策、动作。若其中的某一个或者某几个环节发生失误，则会导致交通事故①。

2. 政府在城市交通安全管理中的作用

（1）健全和完善交通安全法律法规

我国现行法律法规对酒后驾驶、改装车、超载等违规行为的处罚力度较轻，违法成本相对较低，没有起到应有的威慑和禁止作用。政府应进一步健全和完善交通安全法律法规。

（2）加大政府相关部门的执法力度

严厉整治违反交通安全规定行为对于维护交通安全有着重要的作用。政府应建立长效机制、常抓不懈，充分发挥政府在交通安全管理中的重要作用。

（3）加强交通安全宣传教育工作

加强交通安全宣传教育，增强全民交通安全意识，是预防交通事故、确保道路畅通的根本措施。要从根本上认识到，只有加强对全民的交通安全教育，提高安全意识，才能确保道路交通安全、文明、有序、畅通，才能预防和减少交通事故的发生。各级政府应积极探索新形势下交通安全宣传教育工作的新思路、新措施，推进长效工作机制的建立。

此外，领导干部要高度重视，加强对宣传教育工作的组织领导，强化宣传队伍建设。要切实、持久地进行法治教育，培养严格遵纪守法的现代公民意识，公务人员应大力提升宣传水平，用足用好网络、报纸、杂志、广播、电视等现代媒体，全方位、多渠道开展宣传教育以不断扩大覆盖面和影响力。要加强宣传阵

---

① 张永波，陆化普，刘强．我国道路交通安全形势与对策[J]．长沙交通学院学报，2006，22(3)：58-62.

地和交通安全宣传教育基地建设，加强对运输企业驾驶人的宣传教育，不断提高宣传的针对性和时效性。

(4) 完善各部门联动机制

以公路交通安全为例，公路事件包括交通事故、警卫任务、施工管理、恶劣天气管理、治安刑事等突发事件。在处置中往往涉及交警、路政、施救、养护收费所、隧道所等多家单位，多家单位必须联合处置才能及时有效地处置一个事件，从而保证高速公路的畅通。比如，发生交通事故往往涉及路面可变情报板开启、收费入口封道、现场后方预警、交通疏导、现场勘查、设施损坏确认、事故车辆清障、路面散落物清理等，交警、路政、养护、清障、收费等部门必须协同处理才能达到高速、高效地完成。

(5) 加强道路建设和道路安全管理

很多城市的道路建设跟不上时代的发展，路面狭窄，标志不清，机动车道、非机动车道、人行道规划不合理等现象普遍存在，带来了不少交通问题。因此，各级政府要高度重视，提高认识，把加快道路基础设施建设作为一项重要工作来抓，加大道路建设、设施建设的投资力度。道路设计要合理，质量、安全评估要严格，交通标牌、标线和交通控制设施要完善。同时，要加强道路安全管理，切实提高交通管理水平。要建立一个统一、权威的综合管理机构，各职能部门要分工合作，各司其职，各负其责，密切配合。

3. 公众在城市交通安全管理中的作用

(1) 树立良好的交通意识

在城市中，行人横穿马路、非机动车占用机动车车道、随意停车等违规行为时有发生，公众交通安全意识淡薄。公众对交通安全注意事项应铭记于心，要树立良好的交通安全意识，具备完备的交通安全知识，自觉遵守交通法律法规，配合相关部门的执法行动。

(2) 提高驾驶人的自身素质

酒驾、闯红灯、疲劳驾驶等由于驾驶人自身原因而造成的交通事故时有发生，驾驶人应自觉接受相关交通安全教育，提高自身的驾驶技能，养成良好的驾驶安全意识，树立安全第一的思想。驾驶人自身素质的提高能够很好地预防道路交通事故的发生，最大限度地保护公众的人身财产安全。

(五) 课堂组织

根据案例所涉及的内容，对内容分课时进行安排。案例所涉及的概念、主要内容、现状问题分析部分需1课时。教师对每部分内容进行分析，引导学生对案例进行讨论，针对案例及案例相关问题的回答及讨论部分需1课时。学生对讨论结果进行汇报，其他同学点评并提出疑问，老师补充重要的遗漏知识点、纠正学生的认识误区部分需2课时。

（六）延伸思考

（1）谈一谈如何运用应急管理的方法来加强城市交通安全。

（2）思考自组织行为对城市交通安全的影响。

（3）结合上述案例，谈谈政府在城市交通安全事件中所扮演的角色，以及政府的哪些做法可以借鉴。

7

第七章

城市基础设施安全

一、城市基础设施安全事件

（一）城市基础设施安全事件的概念

1. 城市基础设施的概念

城市基础设施是指为社会生产和居民生活提供公共服务的物质工程设施，是用于保证国家或地区社会经济活动正常进行的公共服务系统。城市基础设施是社会赖以生存发展的一般物质条件，是国民经济各项事业发展的基础。城市基础设施主要包括交通、邮电、供水供电、商业服务、科研与技术服务、园林绿化、环境保护、文化教育、卫生事业等市政公用工程设施和公共生活服务设施等。由此可见，城市基础设施不仅包括公路、铁路、机场、通信、水电煤气等公共设施，即物理性基础建设，而且包括教育、科技、医疗卫生、体育、文化等社会事业，即社会性基础设施。

对于国家建设而言，城市基础设施建设具有“乘数效应”，即能带来几倍于投资额的社会总需求和国民收入。城市基础设施是否完善，是一个国家或地区经济是否可以长期持续稳定发展的重要基础。

2. 城市基础设施安全事件的概念

公共安全，是指社会公众的生命健康、重大公私财产以及公共生产、生活的安全，即社会公众的生命健康及公私财产等处于免于危险或不受威胁的状态，或将可能产生的损害控制在人类可接受的水平或以下的状态。当前，我国城市化步伐的不断加快，城市规模的急剧扩大，人口、财富等进一步向城市集中，城市发展对城市各类基础设施的依赖程度越来越高，公共安全问题日益增多。突发事件对城市各类基础设施系统的破坏，会导致城市部分功能瘫痪、造成生命财产损失惨重的严重后果。就我国城市发展及其安全防灾减灾现状而言，多数城市的基础设施缺乏自我保障能力，带来的城市安全隐患大为增多，灾害后产生的损失也逐渐增大。因此，城市基础设施安全事件即为那些由于城市各类基础设施系统的破坏而导致城市部分功能瘫痪、造成公众生命财产损失惨重的各类突发事件。

（二）城市基础设施安全事件的成因

1. 自然灾害

自然灾害包括地震、飓风、暴雨洪涝、雷电、高温热浪，雨雪冰冻等。自然灾害威胁属于发生概率小而后果严重的风险，目前的科学技术水平还不能阻止自然灾害的发生。自然灾害的发生发展有其自身的规律，各种灾害现象只是自然界演化发展过程中的特殊表现形式，即自然现象达到或超过某一阈值时的表现。自然灾害所造成的损害面积大、影响范围广，足以在几分钟之内就让整个城市的基础设施全部崩溃。现实生活中，人们应对一般自然灾害威胁的措施，应侧重于做好前期防范工作。

2. 非故意损毁

维持城市居民生活和生产活动所必不可少的交通、能源、通信、给排水等城市基础设施构成了城市生命线系统。对城市生命线系统造成危害的有自然因素，也有人为因素。实际生活中，大部分城市管线网的破坏是在城市基础设施施工中工人违章操作或失误等人为因素造成的。例如，用大型机械设备在从事挖掘施工的过程中对地上高压线、上下水管道、热力与天然气（城市煤气）管道、通信线路等各种基础设施管线的破坏。对城市生命线系统破坏的自然因素存在突发性和不确定性，一旦发生就会影响公众日常生活秩序的维持，极易造成社会普遍的心理恐慌。

3. 工业危险基础设施事故

工业危险基础设施主要指涉及城市中危险品的使用、生产、加工、运输和储藏的所有危险源，可以用“点源”和“线源”来概括。点源可以是危险品的生产厂、液化石油气填充站、危险品仓库等，线源可以是危险品的运输通道（包括水路和公路）和管线等，例如国家西气东输工程管道。这类基础设施所涉及的危险品一旦发生泄漏或爆炸，对整个城市居民的生命和财产安全都会造成相当大的威胁，甚至破坏整个城市的生态环境。

4. 突发公共事件

城市是人口高度集中的地方，城市中很多重要的基础设施多为人员密集的场所，例如大城市的公共交通系统或体育场馆。一旦这些公共场所受到威胁、攻击破坏等意外突发事件，极易造成群死群伤，后果不堪设想，不利于社会的稳定。另外，随着我国经济快速发展，各种社会矛盾开始凸显，由此引发的各类群体性事件层出不穷，一定程度上危害了城市基础设施安全。

5. 脆弱的信息网络系统

信息产业已经成为我国经济建设的重要基础设施和先导产业，成为人民群众生活和生产的重要组成部分，然而我国的城市信息网络系统抗风险的能力却相对薄弱，信息网络安全软件的防范不足。由于黑客入侵或是木马病毒攻击造成的城市公共网络瘫痪、信息泄密、政府机关等其他社会重要部门无法正常工作的事件一直呈多发态势，这不仅对城市基础设施的安全构成威胁，也严重危害了国家安全和经济建设。

6. 恐怖活动和其他违法犯罪行为

城市的重要基础设施是恐怖分子和其他犯罪分子制造恐怖事件、破坏公共秩序、危害公共安全的主要选择对象和目标。

以上都是可能威胁到城市重要基础设施安全的潜在因素。除此之外，基础设施自身还存在着一些安全隐患。有一些基础设施，特别是管线之类，由于使用时间较长，磨损、腐蚀等因素带来的自然老化现象非常严重，即使没有外力或外来因素的破坏，也有可能因为老化而失去使用功能，进而影响到基础设施的安全。

（三）我国城市基础设施安全现状

《2020年中国新基建产业报告》显示，随着我国城镇化水平不断提高，公共设施领域投资持续增加，2004—2018年，全国公共设施管理业投资年均增长23.3%，显著改善了城市基本公共服务能力。2018年年末，全国城市实有道路面积超80亿平方米；建成城市排水管道64万多千米；城市供水、燃气及集中供暖条件大幅改善，城镇居民生活更加舒适方便。但在当前的形势之下，我国的基础设施建设，依然面临较大的困难。一是，我国中心城市的集聚效应不够明显，在城市的制度、文化环境、政府管理等方面，还有待进一步的提升；二是，在我国的许多地区，城市化的进程较慢，基础设施建设还较为落后，在城市中还普遍存在污染较为严重、可用绿地面积不足、住房较为紧张、交通阻塞、供水不足等疑难问题需要进一步地解决。此外，我国城市基础设施的管理水平、服务水平还有待加强和提升。政府虽然出台了各项管理政策，但是某种程度上存在监督管理不力、协调工作没有做好以及各自为政的局面，这在很大程度之上影响了基础设施建设的进一步发展。据初步统计，中国70%以上的人口、80%以上的工农业和80%以上的城市均受到多种灾害的严重威胁。1949年以来，因为灾害死亡的人口50余万，直接经济损失约占整个国内生产总值的3%～6%，占平均财政收入的30%①。我国城市灾害损失较大，原因之一是城市防灾基础设施建设与管理的不足，有些地方注重形象工程和经济效益明显的基础设施建设项目，忽视政绩“可显性差”、经济效益不明显的防灾基础设施的建设，诸如防震抗震、防汛等项目，城市防灾基础设施开发与管理的资金得不到保障等。在城市基础设施实际维护过程中，缺乏科学

---

① 陈颙，彭文涛，徐文立. 21世纪地震灾害的一些新特点[J]. 地球科学进展，2004，19(3)：359-363.

化、自动化运营管理技术，难以获得及时性与持续性的系统化信息，难以掌握即时环境与结构系统特质的变化。例如，城市排水管道起着收集和输送全城雨水、污水的作用，但由于没有采用新技术、新工艺等检测手段，所以在排水过程中因排水管道结构性损坏造成污水冒溢、道路积水、水体污染、地面沉陷等事故时有发生。因此，我国城市基础设施建设仍需改进。

二、案例资料：湖北十堰“6・13”燃气爆炸事故

（一）事件背景

湖北省十堰市张湾区Y社区位于十堰市张湾区车城路街道，属于老小区。Y集贸市场建于20世纪90年代，一楼是菜市场，二楼是住宿区，是中国无数个农贸市场的缩影。随着2021年6月13日的一声巨响，Y集贸市场进入公众视野，牵动了无数国人的心。

（二）事件始末

1. 事件发生

2021年6月13日，Y集贸市场已经开市营业，买卖吆喝，人流如梭，一片祥和。由于第二天是端午节，来市场备货的人更增不少。然而一起突如其来的燃气爆炸事故，使得混凝土楼板被炸为两截，一栋楼房五层的阳台窗户都被炸坏，爆炸的威力巨大，现场一片狼藉。事故最终共造成26人死亡，138人受伤，成为一场重大的天然气爆炸事故①。

2. 应急处置

2021年6月13日，政府应急救援人员到达现场，把伤者抬到救护车上，附近干部群众也主动投入救援工作，在废墟瓦砾中搜寻受伤人员。

2021年6月13日，十堰市调集消防救援人员紧急抢救伤员，十堰市各大医院对伤员进行积极救治。

事故发生后，习近平总书记立即作出重要指示，湖北十堰“6・13”燃气爆炸事故造成重大人员伤亡，教训深刻！要全力抢救伤员，做好伤亡人员亲属安抚等善后工作，尽快查明原因，严肃追究责任。李克强作出批示，要求全力以赴组织抢险救援和救治受伤人员，尽最大努力减少伤亡，认真查明事故原因，依法依

---

① 湖北十堰“6・13”燃气爆炸事故调查报告公布 11人已被公安采取措施[EB/OL].(2021-10-02)[2021-10-10]. https://www.chinanews.com.cn/gn/2021/10-02/9578812.shtml.

规严肃问责。

应急管理部、住房和城乡建设部、卫健委派工作组赶赴现场指导工作。国务院安全生产委员会(简称安委会)挂牌督办,并派出督办组现场指导事故调查。国家卫健委抽调重症医学、烧伤、心理干预专家等组成国家级医疗专家组,于6月13日中午赶赴当地指导做好事故紧急医学救援。国家级医疗专家组由北京积水潭医院和北京大学第六医院的6名专家组成。国家级医疗专家组在抵达当地后,立即会同省、市两级专家成立联合专家组,对所有伤员逐一进行会诊评估,并重点强化37名重伤员的医疗救治工作。应急管理部第一时间视频连线湖北省应急管理厅、省消防救援总队,了解事故有关情况,要求全力抢险救援,全力救治伤员,尽快核准人数,加强疏散警戒,对中心区域细致搜救,对周边区域深入摸排,严防次生灾害,并派出工作组赶赴现场指导事故处置工作。

2021年6月13日,十堰市成立湖北十堰“6·13”燃气爆炸事故现场抢险救援指挥部,指挥部下设8个工作小组:综合组、现场抢救组、伤员救治组、安全稳定组、事故调查组、网络舆情组、后勤保障组、危房鉴定组。

湖北省领导第一时间作出批示,视频连线调度部署,赶赴现场指导救援。湖北省委负责人于事发当日赶赴现场组织抢险救援等工作。湖北省委、省政府成立湖北十堰“6·13”燃气爆炸事故调查组,事故调查组成员由省应急管理厅、省纪委监委、省住房和城乡建设厅、省公安厅、省总工会、省国资委、省市场监督管理局、省消防总队、国家监委驻东风汽车集团有限公司、十堰市纪委有关负责同志组成,并聘请国内燃气管道设计和运行,火灾、特种设备、安全等方面的专家参与事故调查。同时,湖北省应急管理厅立即协调当地及周边应急救援队伍和应急救援装备赶赴现场参加救援,加大搜救力度,确保不漏一人;调度航空应急直升机做好转运危重病人备勤准备;启动救灾物资调度工作,保障受灾群众基本生活。

2021年6月13日,当地消防救援队伍派出百余名指战员带数只搜救犬到场处置。湖北省消防救援总队在事故发生后,迅速调集十堰市、武汉市、襄阳市、随州市4个支队两百余名指战员赶赴现场,利用搜救犬、生命探测仪等多种手段全力搜救被困人员。在现场设置安全员、安全哨,组织燃气、建筑等方面的专家对气体浓度、危险源、泄漏部位和建筑结构进行实时监测评估,坚决预防次生灾害发生,在确保安全情况下选派精干力量参与核心区域救援。

2021年6月13日,湖北省调度直升机做好转运此次燃气爆炸事故危重病人的备勤准备。湖北省卫健委要求各定点医院按照“一个伤者、一个专班、一个方案”的要求，组织开展医疗救治工作，对急危重症患者进行集中专家会诊。来自本地和外地支援医院的专家，逐一进行床头会诊，对所有病人实行多学科协作诊疗，及时排除病情恶化因素。同时，抽调心理专家积极做好所有伤员和罹难者家属的心理抚慰工作。

3. 调查与问责

该事故调查报告显示，事故直接原因是天然气中压钢管严重锈蚀破裂，泄漏的天然气在建筑物下方河道内密闭空间聚集，遇餐饮商户排油烟管道火星，发生爆炸。湖北十堰爆炸事故暴露了违规建设形成隐患、隐患长期得不到排查整改、物业管理混乱、现场应急处置不当等问题。该事故是一起重大生产安全责任事故。

该事故调查报告认定，十堰东风中燃城市燃气发展有限公司（简称十堰东风中燃公司）对事故负有直接责任，公司负责人黄某等 11 名相关人员涉嫌犯罪，已由司法机关采取刑事强制措施。中国燃气控股有限公司及其所属十堰东风中燃公司、华润置地（武汉）物业管理有限公司及其所属湖北润联物业管理有限公司（简称润联物业）、东风汽车集团有限公司及其原所属东风燃气公司等单位对事故负有责任，对上述单位的责任人，由有关主管部门和上级单位依法依纪依规追究责任。十堰市委、市政府，张湾区委、区政府及有关部门、人员，湖北省住房和城乡建设厅、市场监督管理局等单位及相关人员对事故负有责任。湖北省纪委监委依纪依规开展审查调查，提出处理意见，严肃追责问责。责成十堰市委、市政府主要负责人向湖北省委做出深刻检查，责成十堰市委、市政府向湖北省委、省政府做出深刻检查。①

4. 吸取教训

2021 年 7 月 16 日，为深刻吸取湖北十堰“6·13”燃气爆炸事故教训，督促落实安全生产责任，防范和遏制事故发生，住房和城乡建设部组织召开会议，对负有监管责任的十堰市城市管理执法委员会和负有主体责任的中国燃气控股有限公司进行约谈。会议指出，湖北十堰“6·13”燃气爆炸事故造成重大人员伤亡，教训极其惨痛。事故发生后，党中央、国务院高度重视，中央领导同志相继作出重要指示和批示。地方各级燃气管理部门和燃气企业要认真贯彻落实中央领导同志批示精神，牢固树立安全发展理念，增强防范化解重大安全风险

① 湖北十堰燃气爆炸事故 34 人被追责：区委书记区长免职[EB/OL].(2021-07-23)[2021-08-07]. https://www.ccdi.gov.cn/yaowen/202107/t20210723_246736.html.

的紧迫感和责任感，切实将安全生产责任扛在肩上、放在心上、抓在手里、落到实处。

湖北十堰“6·13”燃气爆炸事故暴露出十堰市城市管理执法委员会、中国燃气控股有限公司落实安全生产责任不到位，安全生产管理措施不严不实，排查治理安全隐患不认真、不深入、不扎实，对安全隐患失察失管等问题。中国燃气控股有限公司要切实落实安全生产主体责任，企业法定代表人、实际控制人是安全生产工作的第一责任人，要牢固树立安全生产红线意识和底线思维，深刻认识到没有安全就没有企业的生存和发展，始终把安全生产放在第一位，依法依规开展城镇燃气经营服务；要建立健全安全生产制度和责任体系，加强设施设备养护维护、更新改造，舍得并加大安全生产投入，及时消除管线设施隐患，加强危险作业管控，加强用户安全服务，加强企业从业人员安全培训和应急演练，强化安全生产意识，提升安全管控水平。

十堰市城市管理执法委员会要进一步增强政治意识，切实履行燃气安全监管职责；要全面厘清燃气安全管理链条，建立健全日常安全管理制度，将城市燃气安全生产责任落实到具体部门、具体岗位，对履职不到位人员要严肃问责；要在地方党委和政府的领导下，会同市场监管、应急管理、发改委、商务、交通、公安等部门完善机制、强化协同，加强联合执法力度，形成共抓安全的工作合力。湖北省住房和城乡建设厅要加强统筹指导，在全省范围内组织开展燃气安全警示教育，深刻吸取事故教训；要举一反三，严格落实加强城市地下市政基础设施建设的指导意见，全面排查市政基础设施安全隐患，指导各城市细化完善工作措施，加快推进隐患排查整治；要严格落实法律法规要求，及时全面报送事故信息，提高突发事件应急处置能力。

2021 年 7 月 27 日，国务院安委会办公室约谈湖北省人民政府相关负责人和湖北省住房和城乡建设厅、十堰市政府等主要负责人。约谈指出，湖北十堰“6·13”燃气爆炸事故是近年来发生的死亡人数最多的城镇管道燃气爆炸事故，影响恶劣、教训深刻。事故暴露出，地方政府和有关部门存在安全发展理念未牢固树立、安全生产专项整治不扎实不彻底和安全监管形式主义严重、安全生产基层基础薄弱等问题。

约谈强调，党中央、国务院对这起事故高度重视。湖北省要深入贯彻落实中央领导同志重要指示批示精神，深刻吸取事故教训，举一反三，以更加坚定的态度、更加务实的作风、更加有力的措施，坚决防范遏制燃气泄漏爆炸等重特大事故。

约谈要求，湖北省要严守安全红线，认真落实习近平总书记关于安全红线一定要“非常明确、非常强烈、非常坚定”的要求，针对燃气、建筑施工、危化品、金属冶炼、消防、矿山等重点行业领域的突出问题研究出台具体、可操作的红线条款，作为安全生产专项整治三年行动的集中攻坚任务；要层层压实安全责任，认真落实地方党委政府领导责任和行业部门监管责任，推动燃气企业落实主体责任；要严格规范执法，持续加大执法力度，把化解重大安全风险要求融入常态化执法；要切实夯实安全基础，在燃气技术防范应用、城市安全监测预警、基层应急处置、高危行业人员素质提高、安全生产标准化等方面采取有力措施，坚决防范化解重大安全风险。

同时，其他城市纷纷行动起来。例如，2021 年 6 月 16 日，东莞市住房和城乡建设局发文《关于深刻吸取湖北十堰“6・13”燃气爆炸事故教训开展建筑工地燃气安全隐患大排查大检查的通知》，决定在东莞市开展建筑工地燃气安全隐患大排查大检查。

（三）事件反思

1. 事故的直接原因为老旧燃气管道

十堰市从 20 世纪八九十年代开始大规模兴建燃气管道，尽管已改造了部分管道，但使用年限超过 20 年的仍然大量存在。发生湖北十堰“6・13”燃气爆炸事故的十堰东风中燃公司的管道兴建于 1987 年，投产于 1993 年，历经水煤气、空混液化气、天然气三种介质，是老旧管道的典型。同时，十堰市的地理环境，以及“先建东风厂、后设十堰市”的历史，导致管道占压现象较多，大量管线被违规建筑包围，缺乏安全间距，也使得该地燃气事故多发。

中国城市燃气管道最早兴建于 20 世纪六七十年代，当时的输送介质主要是人工煤气。住房和城乡建设部发布的统计年鉴数据显示，1978 年，中国的人工煤气管道长度为 4 157 千米，天然气管道长度仅为 560 千米。在那之后，人工煤气管道和天然气管道长度均快速增长。到 2003 年，天然气管道长度首次超过人工煤气管道长度，达到 5.78 万千米。到 2019 年年底，中国人工煤气管道长度 1.09 万千米，而天然气管道长度已增长至 76.8 万千米。一些年限较久的管道由于城市建设变迁，其曾经存在的安全距离、安全环境等可能都已消失。天然气管道里，则有近 4 万千米修建于 2001 年之前。使用 20 年以上的管道将有越来越多的安全隐患，而老旧管道的改造难度非常大。老旧管道不是说肯定有危险，建设施工质量过硬、维护得当的管道使用三四十年都没问题，但中国多数老旧管道并不满足这两个条件。改造需要巨额投资，往往还需协调多个部门才能完成。由此可见，十堰市的情况在全国并不是孤例，诸多老旧燃气管道存在类似的安全隐患。腐蚀锈蚀是老旧燃气管道最大的安全隐患，其具有隐蔽性、缓慢性，一旦引发事故往往是灾难性的。

2. 事故主体责任方未能及时处置隐患

城市燃气新增市场空间逐渐减小，行业内的兼并重组在增多。湖北十堰"6·13"燃气爆炸事故报告显示，十堰东风中燃公司是一个新组建的燃气公司，湖北十堰"6·13"燃气爆炸事故项目原为东风汽车厂的生产、生活用气管道。新公司由中燃燃气实业(深圳)有限公司：十堰东风中燃公司持股85%，东风汽车集团有限公司持股15%。十堰东风中燃公司合资成立后，中燃燃气虽控股85%，但仍保留了原燃气公司管理层，仅派驻了财务总监和一名副总经理，这在中燃燃气控股的附属公司中是唯一一例，集团的管理制度和管理文化在该合资公司没有落地。

该事故发生前的2021年6月3日，相关人员对该管道进行了巡查，并未上报安全隐患。在爆炸发生前一个多小时，当地民众报警称疑似有燃气泄漏。接到报警后，燃气公司、物业公司以及社区相关人员均未及时采取处置措施，也未组织疏散人群。这反映出十堰东风中燃公司基层作业者没有遵守规则，是直接责任人，但管理责任远远大于作业责任，基层的失责源自企业高层管理者对安全的忽视，在城市燃气企业面临行业利润变薄的现状下，企业往往更多关注利益获取而忽略了需要大量投入的安全管理工作。企业并购前的尽职调查应重视安全方面的工作，对于必要的隐患整改和安全投入应予以明确，并购后应加强企业文化、管理方法流程等方面的整合、融合。

3. 燃气管道安全事故高发，原因多元化

从历年全国燃气安全事故原因来看，第三方施工、外力破坏是主要原因。中国城市燃气协会发布的《全国燃气事故分析报告：2021年上半年综述》显示，2021年上半年，因第三方施工破坏导致的事故占天然气管网事故总数的76.8%，因车辆撞击导致的燃气管道泄漏的事故排名第二，管道腐蚀导致的事故总数排名第三。① 在燃气公司看来，治理管道安全隐患最大的痛点在于用户的不配合，比如泄漏报警器常年不检查，燃气灶具出问题不维修等。虽然有政策规定，用户不整改隐患，燃气公司可以停止供气，但是迫于经营压力，不可能

① 我国燃气安全问题，何解？[EB/OL].(2021-08-11)[2021-09-10]. http://finance.sina.com.cn/tech/2021-08-11/doc-ikqciyzm0780843.shtml.

全部以停气的方式来解决问题，这使得隐患难治理。除此之外，一些工商业燃气用户过度追求低价中标也增加了安全运维的隐患。一些燃气项目的施工和后期日常维护保养会由不同主体单位负责，部分企业则为追求利益最大化，降低项目施工的整体质量标准，以达到最低价中标的目的。这导致项目后续运营所需的安全维护投入增高，也增加了运营的安全隐患。与此同时，北方农村地区大力推广“气代煤”工程，农村新建燃气管道逐渐增多。2021 年 2 月 21 日，中央一号文件发布了“燃气下乡”战略，推广农村微管网供气系统，加快实施农村“瓶改管”“气代煤”“气代柴薪”工程。为了节省成本，农村新建燃气管道大多以架空的形式暴露于地上，其燃气管道安全风险较地下管道安全隐患更多。要避免燃气管道安全事故高发，一方面需要燃气公司提升安全管理能力，另一方面还需要政府、社区以及用户自身，均承担责任、履行义务。

三、案例教学参考

（一）教学目标

（1）帮助学生了解城市基础设施的界定和特点，明确城市公共场所基础设施对公共安全的重要性。

（2）让学生了解城市基础设施突发事件的演变过程。

（3）引导学生思考湖北省十堰市应对湖北十堰“6·13”燃气爆炸事故的教训与启示，以及对城市基础设施安全事件进行风险防范与应急处置的看法。

（二）课前准备

1. 教师

（1）在理论学习进展到一定阶段时，预告后期案例教学的开展时间，提前下发案例文本和相关材料，布置案例教学准备任务，留出一段时间让学生搜集资料进行课前准备。

（2）结合公共安全与应急管理中有关城市基础设施安全事件应对的知识，设计案例教学的启发思考题目。这些题目是案例文本中所提到的问题的进一步提升，文本中所提到的问题具有特殊性，课堂上提出的思考题更具有普遍性。

（3）设计整个案例教学的环节和时间安排，确保紧凑而高效地在既定时间内完成案例教学以及预留答疑时间回答学生可能提出的疑问。提前考虑课堂上不属于教师控制部分可能发生的非常状态，例如学生在讨论发言阶段过于热烈或者冷场时，怎样进行现场调节。

(4) 多搜集主题案例的同类案例或案例中的同类做法，从个性到共性逐步过渡。在讲课时将这些案例穿插进去，提高课堂的信息量、生动性，并启发学生用更开阔的思考去对待案例中遇到的具体问题。

(5) 要将传统教学手段与多媒体技术有机结合，向学生充分展示事件的整个发展过程。首先，可以利用多媒体设备播放相关新闻报道视频。其次，画出事件的关键点发展图；指导学生上网查找相关资料，进行事件调查，结合教学内容，建立研究小组，对感兴趣的内容进行研究。最后，指导学生写出小型调查报告，并向老师、同学进行汇报。

2. 学生

(1) 提前自行阅读案例，并追踪案例在现实中的最新发展。例如，爆炸事故之后的十堰市有了什么新变化。

(2) 提前搜集准备案例相关的应急管理知识。

(3) 提前思考案例中存在的一些问题，尝试寻找答案(包括理论上的答案和现实解决方案)，并在课堂上提出。

(三) 案例导入

运用多媒体投影仪播放有关湖北十堰“6・13”燃气爆炸事故的视频，询问学生的观影感受以及是否知道这场事故，邀请知道的学生讲述自己除视频之外知道的其他信息，并询问了解途径。让学生分组，每小组用一句话总结对此次事件的看法，记录并回应学生的每次发言，邀请学生一起带着问题探究此案例。

(四) 要点分析

1. 湖北十堰“6・13”燃气爆炸事故演化过程

燃气管道破裂引发爆炸，进而产生地面塌陷、工厂停产等一系列不良影响，造成人员伤亡，进一步导致城市环境恶劣、影响市民健康，甚至影响社会稳定。城市供气管网破裂事故演化拓扑结构，见图 7-1。

城市供气管网破裂事故灾害中，危害比较严重的后果有燃气中断、火灾、引爆加油站、引爆化工厂、破坏其他管道、人员伤亡、国家形象受损等。在城市供气管网破裂事故灾害演化过程中，灾害演化链中出现频率较高的危机事件有爆炸和交通堵塞。这说明此两者参与的灾害演化链较多，控制此两者能够阻止很多条危机演化链的发生，能够更大限度地减少城市供气管网破裂造成的危害。

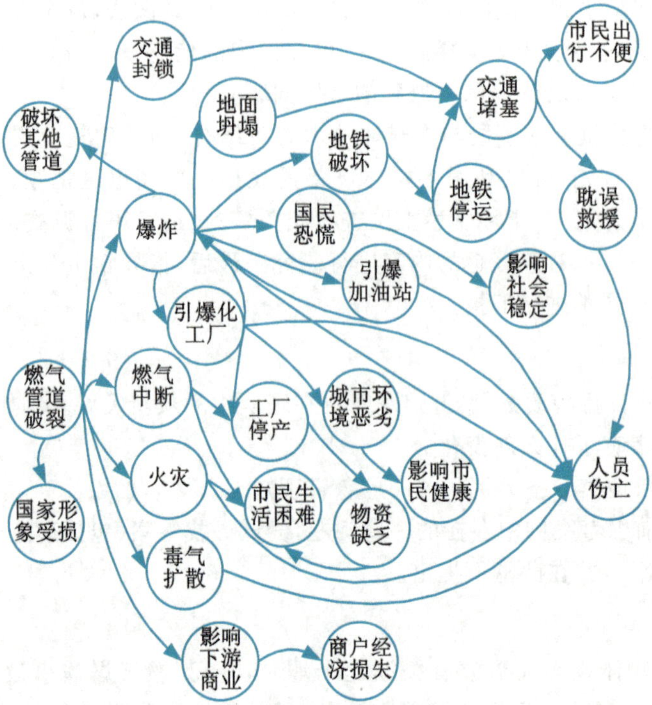

图 7-1　城市供气管网破裂事故演化拓扑结构

2. 湖北十堰“6・13”燃气爆炸事故的原因

在涉及城市基础设施安全的事件中，湖北十堰“6・13”燃气爆炸事故并非个例。该事件应定性为安全生产事件。本次事故追本溯源，爆炸的根本原因在于煤气公司没能及时处置安全隐患，违规施工，未能做到安全生产，这也暴露了燃气企业经营管理中的安全问题。首先，管理权限不够明确。作为一种公用事业，燃气行业具有明显的网络型特征，其安全管理的工作可以分为企业内部和外部两个部分。近几年，很多地方发生了火灾、爆炸、泄漏等方面的安全事故，这些安全事故发生的主要原因是没有明确的界定管理权限。有些燃气经营企业由于没有系统地研究和学习相关法律法规，往往在划分管理权限方面会有所忽视，在日常的管理过程中难以有针对性地实施高效的管理措施，另外在发生安全事故的时候，也难以进行责任界定。其次，存在不合理、不科学的安全管理机制。在企业生产管理的过程中，安全管理是其主要的组成部分，这是企业实现有效控制、组织、计划和决策的基础与前提。我国很多燃气经营企业还没有根据社会经济的变化来改进和优化传统的安全管理方法，也没有制定相应的激励、检查、监督机制。这样一来，不合理、不科学的安全管理机制导致信息难以及时地进行沟通和交流，影响了企业的改进和优化。另外，用户安全管理系统也存在不完善的地方。公众是燃气经营企业中主要的服务对象，燃气经营企业有必要为其营造出一个安全、稳定的供气环境，以保障公众的生命财产安全。燃气经营企业应加强安全宣传教育和用户分类管理，整合综合信息，将用户的安全管理系统进一步优化。在用户安全管理系统中尚存在不完善的问题，这在很大程度上降低了企业的管理和处理事故的效率。

3. 改善城市基础设施安全的有效措施

（1）有效地划分安全责任和管理权限

为了有效地提高燃气经营企业的管理水平与质量，需要明确对其安全责任和管理权限的划分，划分的依据可以是与燃气管理相关的法律法规等，这在一定程度上能够减少法律纠纷。《城镇燃气管理条例》将燃气用户的责任和权限进行了明确的划分。对于单位用户来说，根据相关的规定将所使用的气价、计量方式、供气性质、地址、容量、时间、质量、方式等各个方面进行明确化，能够有效防止出现安全责任或者是管理范围混淆等方面的问题。对于居民用户来说，在规定中明确指出了在燃气供应范围内燃气经营企业应该对居民用户履行的相关义务和责任。例如，《城镇燃气管理条例》第十七条规定，燃气经营者应当向燃气用户持续、稳定、安全供应符合国家质量标准的燃气，指导燃气用户安全用气、节约用气，并对燃气设施定期进行安全检查。

（2）加强改进安全管理机制

为了向用户正常地提供燃气，并确保供气的安全性和稳定性，需要加强对安全管理模式的改进，其运行机制一定要科学，合理。因此，燃气经营企业需要根据自身的运行情况，来完善和调整其管理组织结构，并对相关管理流程进一步地优化，将相关的安全责任制度落实。燃气经营企业主要包括用户管理、QHSE（Quality、Health、Safety、Environment）管理体系办公室和生产技术部三个部分，包含着建设标准体系，管理工程、设备、技术，质量和安全等方面的职责。安全工作是由多个部门共同完成的，这就导致权责分配容易出现混淆，如果出现安全事故，造成大量人员伤亡时易出现没有直接责任人来承担责任的现象。因此，在燃气经营企业中需要加强对安全管理机制的改进和优化，将各部分的责任明确化，并落到实处，权责明确。

（3）完善用户安全管理系统

随着不断增加和扩大的燃气供气数量和范围，再加上燃气使用存在一定的不规范性，近几年燃气事故不断增加，安全问题逐渐严重，燃气事故越来越受到公众的关注。在日常的运行过程中，定期检查和日常巡查是最基本也是最重要的预防措施与制度。一方面，需要搜集和整理用户信息，逐步建立和完善用户的安全管理系统，有效预防安全事故和隐患的出现并加强对事故和隐患的管理。另一方面，在日常的检查过程中，一定要认真负责，如果发现异常，需要根据隐患和故障，有针对性地采取相关措施来加以解决，避免发生更大的事故，影响社会稳定。

（4）加强政府监管形成联动机制

从我国的实际情况出发，优化燃气管理的部门设置和岗位配置，不断改革创新燃气监督管理模式。基于政府管理相关理论，积极学习和借鉴其他国家的成功经验与做法，进一步优化国内政府监督与管理机制，这是我国创新公用事业监督与管理模式的必然选择。除此之外，各级发展改革、安全监督、规划、公安消防、工商管理、技术监督等部门应按照各自职责，建立联动机制，制定并组织落实监管措施，配合燃气主管部门抓好燃气管理工作，真正形成齐抓共管的良好局面。

（5）健全完善相关法律法规

对当前燃气法律法规体系进行全面梳理，对不能完全满足当前形势发展需要的法律法规进行必要的修订调整，对过时的法律法规应尽快废止。加快制定符合地方特点的实施细则和地方性法规，并出台相应的配套措施和行业规范性制度，强化各项法律法规的可操作性。通过不断健全完善燃气法律法规体系，为推动城市燃气的发展营造规范合理的法治环境。

（6）引入第三方进行安全监管

在高危行业强制实施安全生产责任保险（简称安责险），是中央在安全生产领域推出的重要改革举措。应急管理局应积极会同金融工作部门、安责险共保体等机构，加强政策宣传，主动上门服务，完善投保理赔方案，开展业务培训、风险评估、隐患排查、应急演练等服务，推动政策落实。将安责险纳入安全生产责任制考核的重要内容中，与安全生产工作同部署、同推进、同落实，与安全许可、日常监管、服务企业相结合。鼓励企业在全市范围内挑选市场口碑较好、综合实力过硬的保险公司组成共保体，推进安责险工作的落实。在此基础上，升级这一模式，更加侧重对保险公司安全技术服务能力的考量，在为企业提供全面保险保障的同时，聚合保险机构自有风控力量、安全专业技术服务机构专家力量，协助企业建立安全风险管控制度。其他涉及公共设施安全的企业也要有所警示，做到及时排除，及时处理，防患于未然，从根本上杜绝公共场所安全隐患。

（五）课堂组织

根据案例所涉及的内容，对内容分课时进行安排。案例所涉及的概念、主要内容、现状问题分析部分需 1 课时。教师对每部分内容进行分析，引导学生对案例进行讨论，针对案例及案例相关问题的回答及讨论部分需 1 课时。学生对讨论结果进行汇报，其他同学点评并提出疑问，老师补充重要的遗漏知识点、纠正学生的认识误区部分需 2 课时。

（六）延伸思考

（1）除了燃气安全，还有哪些基础设施安全呢？

（2）基础设施安全管理的主体有哪些？分别起什么作用？

（3）如何提高基础设施安全治理的效能？

8

第八章

城市社会安全

一、城市社会安全事件

（一）城市社会安全事件的概念

推进国家治理体系和治理能力现代化建设是党的十八大以来治国理政、深化改革的重要实践领域。2020 年 10 月，党的十九届五中全会进一步明确提出，统筹发展与安全、建设更高水平的平安中国，推动实现高质量发展，确定了社会安全治理实践的新价值坐标，为社会安全治理现代化建设指明了发展方向①。《中华人民共和国国民经济和社会发展第十四个五年规划和 2035 年远景目标纲要》提出，统筹发展和安全，建设更高水平的平安中国，并将社会安全作为加强国家安全体系和能力建设的重要保障。只有大力推进新时代社会安全治理能力建设，助力实现高质量发展和高水平安全良性互动，才能把“十四五”规划目标任务落到实处。

随着社会经济发展水平的提升，人们对于安居乐业的要求也在提升，社会安全治理工作致力于为社会民众创造一个和谐稳定的生产生活环境。现代城市社会安全治理工作是和谐文明社会建设目标的重要组成部分，是维持社会秩序稳定及社会有效运转的基本工作。

1. 城市社会安全事件的概念

城市社会安全事件是指在社会发展过程中因长期积压的社会问题，在城市发展过程中发生的，因人为因素引发的可能造成重大社会影响或危害城市社会稳定、干扰社会秩序的、具有不确定性和复杂性的突发性公共安全事件②。

2. 城市社会安全事件的分类

《国家突发公共事件总体应急预案》依据公共安全事件的发生过程、性质和机理不同，将突发公共事件分为：自然灾害、事故灾害、公共卫生事件、社会安全事件等。其中，社会安全事件包括恐怖事件、群体性事件、重大治安事件、重大刑事犯罪、动乱事件、暴乱事件、严重骚乱事件、经济安全事件以及涉外突发事件等，具有突发性、人为性、预谋性、暴力性、破坏性、演变性和政治敏锐性等特点。

3. 城市社会安全事件的性质

城市社会安全事件作为突发事件的重要组成部分，与其他类型的突发事件

---

① 中国共产党第十七届中央委员会第五次全体会议公报[M]. 北京：人民出版社，2010.

② 陈秋菊. 新时代城市社会安全事件风险感知研究[J]. 森林公安，2019(5)：15-19.

(自然灾害、事故灾难、公共卫生事件)有着非常不同的特点与构成因素。从利益相关性上来说,自然灾害、事故灾难、公共卫生事件在性质上属于利益一致性公共危机,在应对过程中,政府、社会公众之间的目标与价值取向容易达成一致。城市社会安全事件中有相当一部分属于利益对抗性危机,即城市社会安全事件是一种由明显抵触的社会力量之间的冲突而导致的紧张状态,冲突双方有不同的利益或目标追求。从一定意义上说,城市社会安全事件是社会矛盾的直接反映。城市社会安全事件至少包括三个要素:一是扰乱社会秩序,破坏社会稳定,有悖社会发展;二是冲突双方利益对抗;三是引发原因有一定的社会性。

(二) 城市社会安全事件的成因

城市社会安全事件的核心是人及其行为引发的一系列突发事件,因此,人的心理与行为是事件演化的重要驱动要素之一。人的某些过激行为可能导致事件本身去驱动衍生事件的发生,因此事件驱动的影响同样不可忽视。当城市社会安全事件发生后,不同渠道的信息会扰动人的认知,从而驱动事件的演化。综上所述,城市社会安全事件的驱动要素主要有事件驱动、心理驱动和信息驱动①。

1. 城市社会安全事件的演化机理

关于城市社会安全事件演进过程的研究,学术界主要将其分为"七阶段"和"三阶段"。Shaluf 等从组织系统内部构造的角度,探讨社会安全事件从错误产生到诱发事件直至导致事件发生的过程,并将社会安全事件的演进分为七个阶段②。该模型更多地侧重于社会安全事件爆发前的分析,主要用以防范和消除社会安全事件。Turner 基于全过程管理的视角,将社会安全事件的演变划分为起点、孵化期、急促期、爆发期、救援期、援助期、社会调整期等七个时期③。通过对国内外学者研究成果的进一步整合,有学者提出了社会安全事件三阶段的演进过程,即危机前的孕育期、危机中的爆发期和危机后的处理期。

2. 城市社会安全事件的驱动要素

(1) 事件驱动

源事件或其他外部事件的发生,导致后续衍生事件接连发生的现象,被称

---

① 常丹,桂昊宇,樊睿.超大城市社会安全类突发事件情景演化及仿真研究:以北京市为例[J].北京交通大学学报(社会科学版),2020,19(1):86-97.

② SHALUF I M,AHMADUN F R,MUSTAPHA S. Technological disaster's criteria and models [J]. Disaster prevention and management,2003,12(4):305-311.

③ TURNER B A. The organizational and interorganizational development of disasters [J]. Administrative science quarterly,1976,21(3):378-397.

为事件驱动。城市中相对独立的事件在特定的情景下发生，可导致城市社会安全事件从一个情景演变至另一个情景。若一个城市领域内相近时间里连续发生多起社会安全类突发事件，会造成人们的恐慌，扰乱社会秩序。事件驱动具有偶然性、非可见性、潜伏性等特性，及时切断负面的事件驱动可有效缓解城市社会安全事件给社会造成的不良影响。

（2）心理驱动

社会生活中，外在因素所导致的资源配置不公平会使致灾体心理状态非正常发展，其中恐慌心理、报复心理等是影响事件演化的常见心理状态。心理驱动较为隐蔽，不易于识别。消极的心理状态会给城市社会安全事件演化带来严重的不良影响。城市社会安全事件发生后，公众易产生恐慌等消极心理，若应急疏导不及时，便会激化人员矛盾，从而驱动事件朝着恶劣的方向演变。

（3）信息驱动

城市社会安全事件发生后，各大媒体新闻将进行相应的报道。除官方公告外，还会有个别不法分子通过网络渠道散播不实信息从而造成群众恐慌。例如，“红黄蓝幼儿园虐童事件”，就是由于大部分家长听信了网上散布的不实信息，感到恐慌并集体在幼儿园门口上访，影响了幼儿园的正常教学秩序，并给家长造成了心理负担。因此，负面信息对于事件演化的驱动有着消极作用，而正向的信息传播，会缓和事件的不良影响，对突发事件的演化起积极的正向作用。各驱动要素在突发事件情景演化的各个阶段相互影响相互作用。信息驱动会导致心理驱动的产生，同时心理和信息两个驱动要素将共同作用于事件，驱动城市社会安全事件情景的演化。城市社会安全事件驱动要素相互作用示意，见图 8-1。

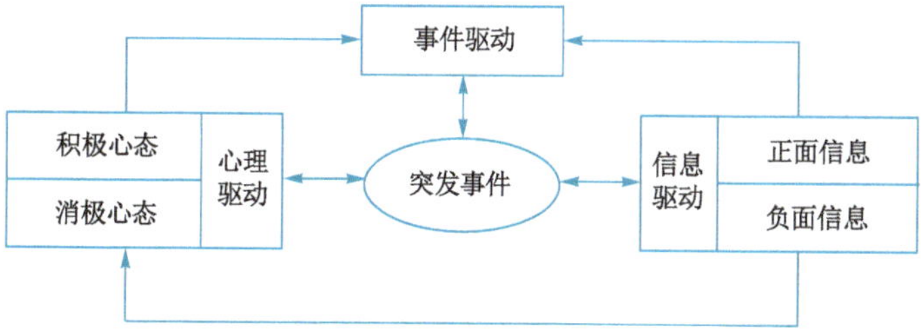

图 8-1　城市社会安全事件驱动要素相互作用示意①

① 常丹，桂昊，樊睿. 超大城市社会安全类突发事件情景演化及仿真研究：以北京市为例[J]. 北京交通大学学报（社会科学版），2020，19（1）：86-97.

（三）我国城市社会安全概况

《中国社会统计年鉴：2020》统计结果（表 8-1、表 8-2）显示，在 1995 年到 2015 年间，公安机关刑事案件立案数从 169.7 万起上升至 717.4 万起，以每年 20 万起以上的频数不断递增。2015 年后，在国家加大治安管理处罚力度以及出台相关政策后，公安机关刑事案件立案数有了明显的降低，从 2015 年的 717.4 万起降至 2018 年的 506.9 万起，再降至 2019 年的 486.2 万起，以平均每年 57.8 万起的频数不断递减。盗窃与诈骗仍是刑事案件的主要构成事件，从 2019 年的纵向统计数据来看，两项犯罪频数分别达到了当年刑事案件总数的 46.44%、29.49%，总占比约达到 75.93%，其他刑事案件占比约 20.90%。通过横向数据对比可以看出在 2018—2019 年间，在总立案数较少降低的情况下，伤害、抢劫、拐卖妇女儿童、盗窃的刑事案件频数均有所下降，其中盗窃这一刑事案件立案数同比降低最为明显，为 8.53%。诈骗、走私及其他刑事案件立案数均有所上升，其中诈骗犯罪增加最为明显，为 6.68%。

表 8-1 公共安全基本情况①

年份		1995 年	2000 年	2005 年	2010 年	2015 年	2018 年	2019 年
指标	公安机关刑事案件立案数/万起	169.7	363.7	464.8	597.0	717.4	506.9	486.2
	公安机关治安案件查处数/万起	296.8	382.3	630.1	1 212.2	1 097.2	884.6	871.9
	检察机关审查批捕、决定逮捕人数/万人	—	—	—	—	89.3	105.7	108.8
	人民法院审理一审案件收案数/万起	454.6	535.6	516.1	699.9	1 144.5	1 392.1	1 544.0
	刑事案件/万起	49.6	56.0	68.5	78.0	112.7	120.3	129.4
	民事案件/万起	271.9	341.2	438.0	609.1	1 009.8	1 245.0	1 385.2
	行政案件/万起	5.3	8.6	9.6	12.9	22.0	25.7	28.0
	人民法院审理刑事案件/万起	—	64.0	84.3	100.6	123.2	142.9	166.0
	不满 18 岁青少年罪犯案件/万起	—	4.2	8.3	6.8	4.4	3.4	4.3

① 国家统计局社会和科技统计局. 中国社会统计年鉴：2020[M]. 北京：中国统计出版社，2020.

表 8-2 公安机关立案的刑事案件和比例构成情况①

案件类别	立案/起		比例构成		浮动比
	2018 年	2019 年	2018 年	2019 年	
合计	5 069 242	4 862 443	100.00%	100.00%	0.00%
杀人	7 525	7 379	0.15%	0.15%	0.00%
伤害	97 391	85 226	1.92%	1.75%	−0.17%
抢劫	25 413	17 106	0.50%	0.35%	−0.15%
强奸	29 807	33 827	0.59%	0.70%	0.11%
拐卖妇女儿童	5 397	4 571	0.11%	0.10%	−0.01%
盗窃	2 786 804	2 258 236	54.97%	46.44%	−8.53%
诈骗	1 156 351	1 433 831	22.81%	29.49%	6.68%
走私	3 856	4 866	0.08%	0.10%	0.02%
伪造、变造货币，出售、购买、运输、持有、使用假币	1 216	994	0.02%	0.02%	0.00%
其他	955 482	1 016 407	18.85%	20.90%	2.05%

根据澳大利亚智库经济与安全协会统计数据显示，2008 年至今，全球恐怖主义指数②始终维持在高位水平，恐怖主义活动频繁，并呈现出袭击范围扩大化、攻击目标普遍化及实施手段多样化等特征。这在一定程度上破坏了我国社会的稳定，危害了公共安全及人民的生命财产安全，并引发社会恐慌，对我国国家安全和公共安全构成了威胁，更成为政府与社会治理面临的新问题和新挑战。因而，推动社会安全治理方式应由被动式应对安全事件向主动式保护整体安全事件转变，治理的主体应由国家政府向社会全体转变，这是维护国家安全，实现国家长治久安的必然要求。

二、案例资料：四川泸州群体事件

（一）事件背景

2012 年 10 月 17 日 17 时左右，泸州市 110 指挥中心发出指令，龙马潭区红

① 国家统计局社会和科技统计局. 中国社会统计年鉴：2020[M]. 北京：中国统计出版社，2020.

② 澳大利亚独立智库经济与安全协会（Institute for Economics and Peace）通过对全球 162 个国家的恐怖主义发展状况进行统计研究，并将每年的恐怖袭击事件、死亡人数、受伤人数、财产损失等指标赋值，用全球恐怖主义指数（Global Terrorism Index，简称 GTI）来衡量各国恐怖主义发展状况。

星路发生交通拥堵，要求附近交警及时赶赴现场疏堵，泸州市交警支队三大队两名辅警立即赶赴现场。在现场维护时，发现一辆白色大货车违反临时停车规定，两名辅警随即喊话要求该货车驶离，但该货车司机拒不配合，辱骂执勤辅警，双方发生抓扯。

（二）事件始末

2012年10月17日，龙马潭区红星路发生交通拥堵，附近交警接到公安局指令后及时赶赴现场疏堵。两名辅警到达现场后，在现场维护时，发现白色大货车违反临时停车规定。辅警在喊话要求该货车驶离的过程中遭到货车司机的反抗及辱骂，双方在发生抓扯过程中，货车司机突然身体不适。在当地群众的帮助下药物被寻到并给货车司机服下。但随后货车司机不适加重，辅警立即呼叫指挥中心并拨打120，120救护车到达后对货车司机进行现场抢救但未成功，货车司机最终死亡。在处置、施救过程中，现场逐渐聚集较多群众，最多时围观群众达千余人。部分情绪激动人员袭击前来处置事件的警察。

事件发生后，相关领导高度重视，第一时间赶赴事发现场及泸州市110指挥中心指导工作。经过耐心细心的安抚工作，事态逐渐平息，围观群众疏散，事件得到平稳处置。10月18日，泸州市人民政府新闻办公室就此次群体事件召开了新闻发布会，相关领导出席新闻发布会并发表了讲话。

（三）事件影响

城市安全执法中的突发性群体事件具有突发性，它的发生直接破坏了执法工作的正常秩序，打乱了城市管理的日常计划，破坏了城市安全执法部门的形象，损害了城市安全执法工作的权威。此类事件往往会造成较大社会影响，个别执法人员的不当行为可能会造成公众对执法部门的偏见，部分不明真相的公众也可能受不法人员的蒙蔽而对城市安全执法工作心存芥蒂。另外，此次事件阻碍了政府依法行政的进程，羁绊了构建和谐社会的脚步。城市安全执法部门作为政府依法行政进程中的主力军，直接体现了地方政府的执政水平和工作作风，也反映了一个地方的社会进步和文明程度。城市安全执法工作中突发性群体事件的发生，无形中激化了矛盾，制造了不稳定因素，降低了公众对政府的信任，同时也破坏了社会的基本秩序。

1. 破坏稳定

群体事件的增加，影响了社会公共政策的制定和社会资源的分配。公共事件中不管是群体性事件，还是个人事件，由于被广泛关注，参与者和围观者的心态易保持一致，叠加群体性公共事件中的集体非理性，一些事件会发展到大规模聚集甚至是冲突，直接破坏了社会治安秩序，严重威胁社会安全稳定。

2. 破坏法治

大部分群体性事件是因为法治缺位引发的。当个体利益问题不能通过正常司法途径解决，就必然走上非法上访引起上层重视、网络炒作引起公众关注的道路，当唤起了足够多的利益共同体或是同情者，个体利益矛盾冲突问题就走上了向群体性事件演变的道路。而一旦演变为群体性公共事件，极个别政府会选择对相关政府部门的涉及人员进行处理，并尽量满足闹事群体的诉求，以平息事态，从而造成法治的再度缺位。因此，群体性公共事件的频发会造成公众对法治信心的逐渐降低。

3. 破坏经济

群体性公共事件发生发展、处置平息的过程会消耗大量的社会资源，并且与公共事件的规模、持续时间成正比，造成直接的经济损失。另外，正常社会秩序被破坏又会造成间接的经济损失。

（四）政府舆情应对措施

1. 舆情始末

从 2012 年 10 月 17 日至 10 月 19 日，出现“四川泸州群体事件”相关的新闻、论坛主题帖信息量 276 篇，腾讯微博 10 万余条，新浪微博 4 万余条①。

（1）苗头阶段

此次“四川泸州群体事件”的爆发并无长时间累积过程，事件苗头直接起于两名辅警在处置货车司机违法停车时发生抓扯，引发群众逐渐围观。在此事件中，出面进行交通执法的主体是没有执法权力的两名辅警，货车司机不服从辅警指令，导致双方口舌之争进而演变为肢体抓扯。在此阶段中，群众情绪表现为围观和好奇，网络上只出现零星言论。例如，个别网民发布泸州发生一起“拒不服从指令，司机与辅警发生抓扯”之类的信息，言论并无过激。在这一阶段，泸州政府在面对现场群众聚集人数增加的情况下，并未及时采取有效措施进行现场疏散，而是任由围观群众增加。

① 吴娟. 论群体性突发事件政府危机公共传播：以 10・17 泸州群体事件为例[J]. 湖南大众传媒职业技术学院学报，2013，13(3)：34-37.

（2）升温阶段

随着抓扯行为的继续，货车司机出现身体不适，并呼叫“车上有药”，辅警上车寻药未果，围观群众却在车内找出药品。货车司机服药后不适加重，120 救护车赶赴现场，货车司机经抢救无效后死亡。在此期间，谣言四起，传播范围逐渐扩大。事件发生后，虽有政府相关领导在现场向群众喊话，让大家不要相信谣言，并承诺会进一步调查死因。但现场群众并不相信官方的现场辟谣说法，人群中陆续出现呼喊、起哄，围观人群不断增加，现场混乱加剧。此时，少数群众开始将矛头指向现场维持秩序的警察。在此阶段，网上言论逐渐增多，一时间谣言在各论坛、贴吧、微博等被扩散，网民直接表达不满情绪。在这一阶段，政府相关部门没有在第一时间发声避免社会恐慌，而是把舆论主动权交给不明真相的网友，任由谣言扩散，网上的围观议论成为现实中聚众闹事的助推器。政府人员现场辟谣也缺乏说服力，只是以官方口吻不断声明，但却不能拿出有力证据。

（3）爆发阶段

随着人群聚集，官方辟谣被群众认为是“推责”，现场不满情绪逐渐发酵。网上言论同步传递现场情况，各网络平台开始大量出现“四川泸州群体事件”相关的图文信息，加之警方驱散现场聚集民众，舆情瞬间被引爆，网络上疯传相关言论。网民纷纷表达愤怒情绪，质疑官方现场辟谣说辞，要求官方做出合理交代。网上舆论呈现“一边倒”态势，网民借机发泄对警察违法执法、暴力行为等的不满。直至 2012 年 10 月 18 日，在当地政府的协调下，事态才逐渐平息。在这一阶段，泸州市及时进行公开回应。10 月 18 日，泸州市政府就此次群体事件召开新闻发布会，并就相关情况进行新闻发布。10 月 19 日，泸州市政府新闻办公室官方微博发布消息称，四川泸州群体事件死者尸检工作已经开始。

2. 政府部门应急管理措施

事件发生后，泸州市委、市政府高度重视，立即组织开展处置工作。经过政府部门人员积极的沟通，事件得到平稳处置。

泸州市纪委和市监察局、市检察院成立联合专案组，对事件展开调查，相关情况在调查后及时公布，并根据调查结果依法处理。

四川泸州群体事件不到 12 个小时即予平息，政府官方新闻发布会在事件发生后的 15 个小时后立即召开，政府在第一时间及时、真实、准确地发布信息，正确地引导舆论，这对突发事件的处置至关重要。

三、案例教学参考

（一）教学目标

（1）帮助学生了解城市社会安全以及突发性群体事件的相关概念、涉及的范围，包括危害城市社会安全的因素有哪些。

（2）引导学生思考我国现阶段存在的城市社会安全隐患，对于城市社会安全问题的现状进行分析。

（3）引导学生思考我国城市社会安全问题存在的原因，是制度漏洞还是政策设计？

（4）引导学生结合案例思考公共部门在维护公共安全过程中的角色定位。公共部门应该做什么，该怎样把握好政府、媒体、公众三者之间的关系。

（5）让学生了解在突发性群体事件预防机制以及正确快速进行舆论应对的重要性。

（二）课前准备

1. 教师

（1）在理论学习进展到一定阶段时，预告后期案例教学的开展时间，提前下发案例文本和相关材料，布置案例教学任务，留出一段时间让学生搜集资料进行课前准备。

（2）结合公共安全与应急管理中有关社会安全事件应对的知识，设计案例教学的启发思考题目。这些题目是案例文本中所提到的问题的进一步引申，文本中所提到的问题具有特殊性，课堂上提出的思考题更有普遍性。

（3）设计整个案例教学的环节和时间安排，确保紧凑而高效地在既定时间内完成案例教学以及解答学生可能提出的疑问。提前考虑课堂上在不属于教师控制部分可能发生的非常状态，例如学生在讨论发言阶段过于热烈或者冷场时，怎样进行现场调节。

（4）多搜集主题案例的同类案例或案例中的同类做法，从个性到共性逐步过渡。在讲课时将这些案例穿插进去，提高课堂的信息量、生动性，并启发学生用更开阔地视野去思考案例中遇到的具体问题。

（5）要将传统教学手段与多媒体技术有机结合，向学生充分展示事件的整个发展过程。首先，可以利用多媒体设备播放相关新闻报道视频。其次，画出事件的关键点发展图；指导学生上网查找相关资料，进行事件调查，结合教学内容，建立研究小组，对感兴趣的内容进行研究。最后，指导学生写出小型调查报告，并向老师、同学进行汇报。

2. 学生

（1）提前自行阅读案例，并追踪案例在现实中的最新发展。

（2）提前搜集准备案例相关的应急管理知识，例如群体性事件的诱因、政府的舆情应对措施等。

（3）提前思考案例中存在的一些问题，尝试寻找答案（包括理论上的答案和现实解决方案），并在课堂上提出。

（三）案例导入

课前通过案例回顾让学生了解四川泸州群体事件的起因始末，向学生展示案例背景信息和相关图片，引发学生对于突发社会安全事件的思考。让学生分组，每小组用一句话总结对此次事件的看法。记录并回应学生的每次发言，邀请学生一起带着问题探究此案例。

（四）要点分析

1. 突发群体性事件

突发群体性事件，是指突然发生的，由多人参与，以满足某种需要为目的，采用暴力等手段，造成事态扩大、冲突加剧，扰乱、破坏或直接威胁社会秩序，危害公共安全，应予以立即处置的群体性事件。从理论上来讲，突发群体性事件一般具有以下特征：主体的群体性、主观方面的目的性、客观方面的危害性、事件发生的突然性、事件原因的复杂性。

突发群体性事件一般涉及人员较多，对社会造成的影响面大，冲击力强，不仅会直接导致社会经济生活损失重大，加大各级政府行政管理的难度，而且还会对社会的稳定发展产生影响。因而，当前政府应尽快建立健全预防和调控突发性群体事件的运行机制，探索正确处理突发群体性事件的策略和方法。

（1）突发群体性事件的特征和诱因

① 导火索

突发群体性事件的发生往往都有一个导火索，导火索与事件有直接联系，是事件本身的一个内容或开端。导火索刺激群体的情绪，导致事件不断扩大，甚至导致群体暴力的产生。

② 群体性

突发群体性事件中的群体往往是非正式的、自发的、彼此陌生的，群体内部有着共同的利益关系、类似的思想情感和共同的行为目标。参与突发群体性事件的人员往往是为了实现某方面的利益或达成某方面的需求，最终在一些人的煽动和鼓舞下做出暴力行为，发泄心中的不满情绪。

③ 参与者情绪激动

参与突发群体性事件的人员常常是一些非直接利益者，他们之间有很明显的情绪“共鸣”，通过心理暗示、行为模仿等方式来形成人群的聚集和围观并伴随着暴力行为。四川泸州群体事件，正是一些非直接利益者在对社会不满及法不责众的“心理共鸣”影响下借机参与“起哄”，发泄心中不满的非理性表现。在突发群体性事件中，公众仅仅是一种“情绪”发泄，政府若能妥善、及时控制，事件就有可能不会发生。

④ 谣言传播迅速

突发群体性事件的发生往往伴随有谣言的迅速传播，特别是在新媒体环境下，谣言通过贴吧、微博呈现裂变式传播，最终导致事件的进一步恶化。四川泸州群体事件中，网络上出现的不符合事实的言论，加剧了政府处理危机事件的难度，也最终成了暴力事件的助推器。

除此之外，导致群体性突发事件发生的诱因复杂多样。这些诱因包括政府公信力不高、信息公开不及时、媒体策略没有与时俱进等。

（2）有效预防和应对突发群体性事件的对策

有效预防和应对突发群体性事件，一方面，要靠政府加大政策调整力度，大力发展经济，从根本上消除和减少各种矛盾冲突因素；另一方面，也要靠政府加强制度、机制和法治建设，加强和完善地方各级领导责任制，充分发挥政府职能作用，建立及时疏导、缓解、防范和处理突发群体性事件的机制。

① 原则性对策

坚持预防为主的原则。一是预防和处置突发群体性事件，必须以法律和法规为依据，而不能单纯依靠行政命令或工作人员的个人意志；二是当权力机关对某一突发群体性事件所做出的处置决定与法律规定相抵触时，法律具有否定权力机关权力的力量，即权力机关的处置决定应当服从法律规定，而不是法律服从权力机关；三是要防止政府权力的滥用，避免使突发群体性事件的冲突升温、扩大。

坚持统一领导、综合治理原则。一是统一领导，调动各方面的力量，齐抓共管并形成合力；二是运用多种手段和方法（法律的、政治的、经济的等方法）来预防和控制突发群体性事件，要区分不同性质的矛盾和冲突事件，及时处置各类情形复杂、方式多样的突发群体性事件。

坚持解释疏导原则。突发群体性事件的发生有时是因为政府没有做好减少矛盾和缓解矛盾的工作，从而加重了公众的抵触情绪，致使矛盾激化，冲突加剧。矛盾出现后，政府要及时做好解释疏导工作，使矛盾得以缓解、激烈情绪得以淡化、矛盾冲突得以制止。而做好解释疏导工作，就需要把产生矛盾的不稳定因素解决在基层、解决在内部、解决在萌芽状态。

慎用警力和强制措施原则。慎用警力和强制措施是指在处置突发群体性事件时，对参与事件的大多数公众要以疏导手段为主，慎用警力和强制手段。在处置突发群体性事件时，要防止使用警力和强制性措施不当激化矛盾，使事态扩大，要坚持慎用警力和强制措施原则，严格按照法定程序调动警力和采取强制措施。

② 制度性对策

政府要建立起完备的社会保障法律体系，以保障广大人民群众特别是社会弱势群体的基本生活。一是，进一步健全各级人民代表大会制度以及基层组织选举制度，保障人民群体参政、议政权利的正常行使。二是，制定区分不同类型的突发群体性事件的处置细则。三是，构建高素质的行政执法和司法队伍，全面推进依法行政、依法审判和依法检察，创造良好的法治社会环境。四是，继续深入开展普法教育，提高人民群体的法律意识，树立法律至上、权利平等与权力制约的思维观念。

③ 职能性对策

转变政府职能，深化行政管理体制改革，合理划分和依法规范各级行政机关的职能和权限，增强稳妥、合法而及时地处置各类突发群体性事件的实际能力，这是有效预防和处置突发群体性事件的职能性对策。第一，要建立健全各种预警和应急机制，提高政府应对突发事件处置的实际能力。第二，要改革行政管理方式，发挥动态管理的功能，做好善后事务。第三，要完善行政决策程序和责任追究制度。

④ 重点性对策

第一，要推进基层民主政治建设，拓宽政治参与的渠道，增强广大公民的民主与法律意识。通过培育和组建社区居民自治管理组织，加强城镇基层民主建设；通过改革乡镇管理体制，加强农村基层建设；通过强化法制宣传教育，增强公民的民主与法律意识。

第二，要建立科学的社会预警体系与有效的防范机制，减少和避免突发群体性事件的发生。建立科学的社会预警体系和多元调控的处置机制。例如，建立社会各阶层利益表达机制，掌握化解突发群体性事件的主动权；完善信访工作制度；建立矛盾纠纷排查调处机制，有针对性地采取防范和控制措施；建立突发事件应急预案。一旦发生突发群体性事件，各部门分工明确、责任到位、相互支持、密切配合，就可以避免相互扯皮和推诿现象的发生，从而快速解决突发事件。

2. 政府信息公开

(1) 政府信息公开的概念

政府信息公开，是指国家行政机关和法律、法规以及规章授权和委托的组织，在行使国家行政管理职权的过程中，通过法定形式和程序，主动将政府信息向社会公众或依申请而向特定的个人或组织公开的行为。广义上的政府信息公开主要包括两个方面的内容，一是政务公开，二是信息公开。狭义上的政府信息公开主要指政务公开。

(2) 政府信息公开的优点

政府信息公开事关公众的知情权，一定程度上能够消除公众的误会。在政府与公众之间发生矛盾纠纷时不管真相如何，公众总是倾向于相信弱势方，而容易将矛头对准政府。在我国近年来发生的多起突发性群体事件中，往往都是由于信息不公开而使矛盾进一步加剧。政府做到信息及时公开可以缓解公众对政府的质疑，重建政府的公信力。比如此次四川泸州群体事件，正是由于政府信息的及时公开，才使得事件不到 12 个小时就得以解决。除此之外，政府信息公开还有利于树立良好的政府形象。

3. 政府的媒体策略及经验

(1) 信息及时上报

事件发生后，现场警察将情况及时上报，泸州市委、市政府领导第一时间赶赴现场，对事件展开调查及处置。由于信息上报及时，当晚得到四川省委宣传部和四川省互联网信息办公室的大力支持，及时协调控制舆情，为事件的处置赢得了时间。

(2) 信息及时发布

四川泸州群体事件发生后，泸州市政府及时进行公开回应。泸州市政府新闻办公室在事件发生后就该事件进展情况及时公布。泸州市政府就事件进展情况的及时发布，以及在善后工作中主动安抚死者家属并及时达成处置协议的做法，疏导了公众情绪，使事件逐渐降温。

(3) 信息及时公开

政府信息公开的首要策略，是对现场群众公开信息，说服现场群众相信政府，消减现场群众对执法人员的质疑。四川泸州群体事件发生后，泸州市政府第一时间启动舆情引导机制，抢占“黄金1小时”，在事件发生过程中，随时注意事件的发展扩大，遏制谣言的传播，让公众了解真相，保证其知情权。此外，政府信息公开的策略还包括完善并有效实施新闻发布制度，这是政府与媒体的一种对话机制。媒体除了“听”以外，还有“问”的权利，媒体应站在公众的立场向政府提问，以保证政府信息及时传达给公众。

(4) 利用媒体与公众沟通

政府可以邀请一些媒体做一些专访，报道现场事件处置进程。媒体配合政府及时大量地发布真实权威信息，不仅可以保证公众的知情权，还可以消除公众心中的疑惑，制止谣言的传播。

(5) 重视网络舆情

政府应建立网络舆情控制和引导机制。政府一方面可以通过议程设置使网络舆情理性化，形成健康向上的主流舆论，另一方面可以邀请相关专家参与网民的讨论，提供专家意见。

(五) 课堂组织

根据案例所涉及的内容，对内容分课时进行安排。案例所涉及的概念、主要内容、现状问题分析部分需1课时。教师对每部分进行分析，引导学生对案例进行讨论，针对案例及案例相关问题的回答及讨论部分需1课时。学生对讨论结果进行汇报，其他学生点评并提出疑问，老师补充重要的遗漏知识点、纠正学生的认识误区部分需2课时。

(六) 延伸思考

(1) 应如何看待我国的社会治安现状？为什么群体性事件频频爆发？应如何应对突发性群体事件？

(2) 在维护社会治安的过程中，作为权威消息源的政府部门应当扮演什么角色？是否应当将相关信息予以公开？政府信息公开有哪些策略？

(3) 结合案例材料，谈谈在处理突发群体性事件中，政府有哪些媒体策略和经验可以借鉴？

9

第九章

城市信息安全

一、城市信息安全事件

（一）城市信息安全事件的概念

1. 信息安全与网络安全概念辨析

（1）信息安全

信息安全有广义与狭义之分。广义上，信息安全是指一个国家的社会信息化状态和信息技术体系不受外来的威胁与侵害。狭义上，信息安全是指保护信息及信息系统在存储、处理、传输过程中不被非法访问或修改，而且对合法用户不发生拒绝服务，所采取的必要措施。① 信息安全的概念是广泛的、抽象的，可以从不同领域和不同方面对信息安全的概念进行阐述。

从国家层面上来看，信息安全与国家安全密切相关；从企业组织上看，信息安全关乎企业组织机构的正常运作和长久发展；从个体上看，信息安全关乎个人隐私安全和财产安全。无论是国家、企业组织还是个人，保护信息资产不受侵犯都是非常重要的。

（2）网络安全

近年来，网络安全一词在各类新闻报道、新媒体资讯上大量出现，更是在外交、各官方媒体里被广泛使用。2014 年 2 月 27 日，习近平总书记在中央网络安全和信息化领导小组第一次会议上发表讲话，指出"没有网络安全，就没有国家安全"。习近平总书记的讲话表明，网络安全问题不再是简单的互联网技术领域的安全问题，而是经济安全、社会安全，甚至是军事安全和外交安全，这是关系国计民生的国家层面的战略性问题②。

因此，网络安全一词的内涵实际上已经超越了技术范畴，还被赋予了个人安全、组织安全、社会安全以及国家安全的意义。

综合来看，信息安全与网络安全存在诸多重叠与交叉的内容，不再是简单的属于与被属于的关系，并不能将其进行严格意义上的区分。因此，本书不将"信息安全"与"网络安全"做严格区分，统一称为"信息安全"。

2. 城市信息安全事件

《信息技术 安全技术 信息安全事件管理 第 1 部分：事件管理原理》将信

---

① 薛丽敏，韩松，林晨希. 信息安全管理[M]. 北京：国防工业出版社，2019.

② 中国网络空间研究院，中国网络空间安全协会. 网络安全应急响应培训教程[M]. 北京：人民邮电出版社，2016.

息安全事件定义为：可能是故意的（例如，由恶意软件或故意违纪造成的）或意外的（例如，由意外的人为错误或不可避免的自然行为造成的），可能是由技术手段（例如，计算机病毒）或非技术手段（例如，计算机丢失或被盗）造成的。其后果包括信息未经授权的泄露、修改、破坏或不可用，或者组织信息资产的损坏或被盗。《国家网络安全事件应急预案》将网络安全事件定义为：由于人为原因、软硬件缺陷或故障、自然灾害等，对网络和信息系统或者其中的数据造成危害，对社会造成负面影响的事件，可分为有害程序事件、网络攻击事件、信息破坏事件、信息内容安全事件、设备设施故障事件、灾害性事件和其他事件。

《中共中央关于坚持和完善中国特色社会主义制度 推进国家治理体系和治理能力现代化若干重大问题的决定》指出，建立健全运用互联网、大数据、人工智能等技术手段进行行政管理的制度规则。由此，智慧城市建设开始不断发展。智慧城市是指将物联网、云计算、大数据与空间地理信息集成等新一代信息技术与城市建设发展进行深度融合，通过丰富的智慧应用与服务提高城市管理水平，提升公共服务效率，方便市民的工作和生活，促进城市经济、社会、环境和谐发展。

信息技术推动下的智慧城市作为一种全新的城市形态出现，变革了公众的生产生活方式，极大地满足了公众的生产生活要求。但是，信息技术推动城市更加智慧的同时，也给城市带来了新的风险与挑战。与传统的城市形态相比，智慧城市的信息安全环境也在发生巨大的变化，智慧城市的发展依赖信息技术的进步，但也因其依赖着信息技术的发展，而埋下了信息安全事件发生的隐患。

信息安全是智慧城市发展的重要保障。因此，对城市信息安全事件的探讨与研究，是城市不断发展进步的当务之急、应有之义。

（二）城市信息安全事件的分类

对城市信息安全事件进行分类和分级是政府有效管理城市信息安全事件的基础性工作。规范、合理的城市信息安全事件分类分级，一方面有利于促进城市信息安全事件的信息共享和交流，提高其通报和应急响应的自动化程度；另一方面有利于在规范化的信息安全事件类别和级别的基础上进行统计和分析，从而确定城市信息安全事件的严重、危害程度，进而为科学的应急处置做好准备。

我国信息安全事件分级分类标准多依据《信息安全事件分类分级指南》。根据信息安全事件的起因、表现、结果可以将信息安全事件分为恶意程序事件、网络攻击事件、信息破坏事件、信息内容安全事件、设备设施故障事件、灾害性事件和其他信息安全事件等7个基本分类，每个基本分类又包括若干分类①。

1. 恶意程序事件

恶意程序事件是指蓄意制造、传播有害程序，或是因受到恶意程序的影响而导致的信息安全事件。有害程序是指插入信息系统的一段程序，这段程序会危害系统中的数据、应用程序或操作系统的保密性、完整性以及可用性，或影响信息系统的正常运行。恶意程序事件包括计算机病毒事件、特洛伊木马事件、僵尸网络事件、混合攻击程序事件、网页内嵌恶意代码事件和其他有害程序事件等。

2. 网络攻击事件

网络攻击事件是指通过网络或其他技术手段，利用信息系统的配置缺陷、协议缺陷、程序缺陷或使用暴力手段对信息系统实施攻击，并造成信息系统异常或对信息系统当前运行造成潜在危害的信息安全事件。网络攻击事件包括拒绝服务攻击事件、后门攻击事件、漏洞攻击事件、网络扫描窃听事件、网络钓鱼事件、干扰事件和其他网络攻击事件等。

3. 信息破坏事件

信息破坏事件是指通过网络或其他技术手段，造成信息系统中的信息被篡改、假冒、泄露、窃取等导致的信息安全事件。信息破坏事件包括信息篡改事件、信息假冒事件、信息泄露事件、信息窃取事件、信息失真事件和其他信息破坏事件等。

4. 信息内容安全事件

信息内容安全事件是指利用信息网络发布、传播危害国家安全、社会稳定和公共利益等内容的安全事件。信息内容安全事件包括以下4类：一是违反法律法规的信息安全事件；二是针对社会事项进行讨论、评论形成网上敏感的舆论热点，出现一定规模炒作的信息安全事件；三是组织串联、煽动集会游行的信息安全事件；四是其他信息内容安全事件。

5. 设备设施故障事件

设备设施故障事件是指由于信息系统自身故障或外围保障设施故障而导

① 中国网络空间研究院，中国网络空间安全协会. 网络安全应急响应培训教程[M]. 北京：人民邮电出版社，2016.

致的信息安全事件，或是人为使用非技术手段有意、无意地造成信息系统破坏而导致的信息安全事件。设备设施故障事件包括软硬件自身故障事件、外围保障设施故障事件、人为破坏事故事件、其他设备设施故障事件等。

6. 灾害性事件

灾害性事件是指由于不可抗力对信息系统造成物理破坏而导致的信息安全事件。灾害性事件包括水灾、台风、地震、雷击、坍塌、火灾、恐怖袭击、战争等事件。

7. 其他信息安全事件

此类信息安全事件是指除上述 6 类信息安全事件以外的其他信息安全事件。

（三）城市信息安全事件的成因机理

1. 部分组织对信息安全问题不重视

网络攻击及恶意程序等事件的发生，往往会造成被攻击一方巨大的财产、隐私等损失。产生此类信息安全事件往往是由于被攻击方对安全问题发生可能性的疏忽。由于信息安全事件的发生具有不经常性，互联网黑客利用病毒、木马等对网站攻击前也并无任何预兆，因此造成了部分政府及企业组织对信息安全问题的不够重视。这些政府及企业组织认为小概率事件不会发生，不能及时更新防病毒技术、软件等，最后遭受攻击，给自身造成巨大损失。

2. 信息安全的相关法律法规不健全

我国有关信息安全的法律尚不健全，个人信息遭到泄露的概率较大且难以得到相关法律有效保护，且现有保护措施可操作性不强。网络运营者或其内部工作人员泄露用户信息或企业组织信息的行为难以得到有效遏制，这主要是因为法律层面的规定未能很好地适应实践层面的行为。在互联网社会中，当信息安全相关的法律法规不够完善时，网络攻击者、信息泄露者更易钻法律漏洞，引发信息安全事件。

3. 互联网普及导致安全事件波及范围广

《第 47 次中国互联网络发展状况统计报告》显示，截至 2020 年 12 月，我国网民规模达 9.89 亿人，较 2020 年 3 月增长 8 540 万人，互联网普及率达 70.4%。互联网在各行各业的广泛普及，形成了人人离不开网络，事事依靠网络的局面。但也正是由于互联网的普及，牵一发而动全身，网络攻击者对一个信息系统的攻击，就有可能导致数千万人的隐私及财产安全遭受侵犯。

在智慧城市建设过程中，互联网已然深入市民生活的方方面面，一旦遭受攻击，后果较为严重。

（四）我国城市信息安全事件概况

为了有效预防与检测信息安全事件，全面把握信息安全发展态势。中国互联网络信息中心从2009年开始对我国域名服务体系进行多方检测与分析，并于2012—2019年连续8年逐年发布《中国域名服务安全状况与态势分析报告》。域名作为网络的入口，是用户访问各种网络应用的基础服务，保障域名安全是预防信息安全事件发生的一个重要方面。全面分析域名服务体系安全状况，对有效预防信息安全事件的发生具有重要意义。《中国域名服务安全状况与态势分析报告:2018》指出，作为整个互联网行业安全的守门员，我国域名服务体系的整体安全状况已有了较大改善，但在系统软件、协议支持和服务性能等方面仍存在不同程度的安全问题。

《第47次中国互联网络发展状况统计报告》显示，2020年，国家计算机网络应急技术处理协调中心（简称国家互联网应急中心）监测发现我国境内被篡改的网站数量为243 709个，较2019年同期下降22.7%。其中，被篡改的政府网站1 030个，较2019年同期增长30.9%；我国境内被植入后门的网站数量为61 948个，较2019年同期下降39.7%。此外，国家信息安全漏洞共享平台共搜集整理信息系统安全漏洞20 721个，较2010年同期增长28.0%。

2021年，国家互联网应急中心撰写了《2020年我国互联网网络安全态势综述》，对2020年我国互联网网络安全状况进行了分析总结。2020年，我国网络安全法规体系已逐步完善，在应对网络安全威胁治理方面获得了显著成效，但仍面对较为严峻的网络安全形势。APT攻击[①]仍然在利用各种方式对我国各类重要行业实施攻击，App、数据库、小程序等对个人信息泄露的情况仍然较为严峻，网络漏洞被利用的风险依然较为严峻，对黑色产业链利用社会热点等事件进行仿冒网页的行为仍需加大整治力度，工业控制系统的信息安全风险态势严峻，等等。由此可见，我国面临的信息安全形势仍然不容乐观。未来城市的进一步建设与发展离不开互联网的大力支撑。因此，政府应重视预防并解决城市信息安全事件。

---

① APT攻击，英文为Advanced Persistent Threat，即高级可持续威胁攻击，也称为定向威胁攻击，指某组织对特定对象展开的持续有效的攻击活动。这种攻击活动具有极强的隐蔽性和针对性，通常会运用受感染的各种介质、供应链和社会工程学等多种手段实施先进的、持久的且有效的威胁和攻击。

二、案例资料:“WannaCry”勒索病毒侵袭事件

(一)事件背景

2017 年 5 月,一款名为“WannaCry”的勒索病毒爆发并持续活跃,在互联网上大范围传播。我国数万家机构受到“WannaCry”勒索病毒的影响,大量行业企业内网被大规模感染,包括医疗、银行、交通等多个行业均遭受不同程度的影响,部分政府部门、医院、学校等系统较老及系统补丁未更新的用户遭到攻击,对我国互联网构成了较为严重的信息安全威胁。国家互联网应急中心在发现此病毒的第一时间发布预警,及时协调微软发布官方补丁,并协调各单位进行应急处置,最终有效控制了“WannaCry”勒索病毒的进一步侵袭。

(二)事件始末

“WannaCry”勒索病毒在全球范围内造成了巨大的影响和破坏,本部分内容从中国视角梳理这一事件的发生过程。

1. 预防与应急准备阶段

(1) 用户系统升级预防状况

微软公司于 2014 年 4 月 8 日为 Windows XP 系统提供最后一次补丁更新服务后,宣布永久性终止对此系统进行的技术支持服务,用户可自行选择 Windows7、Windows8 系统进行升级使用。Windows XP 系统自 2001 年推出,已延续了 13 年之久。13 年间,计算机硬件和软件技术早已发生了翻天覆地的变化,Windows XP 系统已无法兼容许多硬件及软件,更是无法保证可以应对“WannaCry”勒索病毒对网络安全造成的威胁。但由于 Windows XP 系统已推出 13 年之久,用户基数十分庞大,用户早已习惯了 Windows XP 系统,面对 Windows7、Windows8 系统界面的巨大变化,很多用户在 Windows XP 系统停止服务之后,仍然没有选择升级替换。还有很大一部分用户用于硬件配置过低等原因,无法升级 Windows XP 系统。因此,Windows XP 系统用户有一部分选择升级成了 Windows7、Windows8 系统,其中的个别用户虽然升级了系统,但安装的并非正版付费系统;有一部分选择继续使用 Windows XP 系统,虽然微软不再为其提供支持技术服务,但可以寻求第三方软件的保护;还有一部分用户,没有升级系统,也没有寻求第三方软件的保护;更有甚者,直接安装了非正版软件,无法保证其安全性。

(2) 系统漏洞预防情况

除停止服务的 Windows XP 系统和 Windows 2003 系统之外,微软会定期

监测系统漏洞，及时发布漏洞补丁，用户只需定期给系统打上补丁，便可确保系统无虞。但是，有一部分用户，关闭了 Windows 的自动更新功能，因此不能及时安装补丁；还有一部分用户仍在使用微软已经不再进行安全漏洞修补的操作系统和办公软件，因此不能及时更新补丁。面对这种情况，很多用户寻求第三方软件的保护，利用第三方软件修复系统漏洞。

2. 监测与预警阶段

2017 年 3 月 14 日，微软发布声明，某文件名为 Ransom：Win32. WannaCrypt 的勒索病毒有可能会威胁计算机系统安全，并专门为了防止这款病毒袭击，发布了补丁程序，提醒微软用户及时更新系统，修复漏洞。

2017 年 4 月 16 日，国家互联网应急中心主办的国家信息安全漏洞共享平台发布了《关于加强防范 Windows 操作系统和相关软件漏洞攻击风险的情况公告》，对黑客组织“影子经纪人”披露窃取自美国国家安全局的多款涉及 Windows 操作系统 SMB 服务的漏洞攻击工具情况进行通报，并对有可能产生的大规模攻击进行了预警。

3. 应急处置阶段

2017 年 5 月 12 日“WannaCry”勒索病毒开始增加，国家互联网应急中心第一时间开展对该“WannaCry”勒索病毒的分析和监测工作。“WannaCry”勒索病毒于当日在全球蔓延、爆发并达到峰值。5 月 12 日，我国各地的高校学生纷纷反映，自己的电脑遭到病毒的攻击，文档被加密，壁纸遭到篡改，并且在桌面上弹出窗口，强制学生支付相应资金到攻击者账户上。随后，十几家高校纷纷发布通知，提醒师生注意防范。

“WannaCry”勒索病毒开始大面积传播后，各高校纷纷有学生反映遭到该病毒的攻击。为满足众多大学生群体的求学需求，各高校在图书馆、实验室等地方配置了一定量的计算机设备。这些计算机设备多为 Windows XP 系统，加之维护人员无法兼顾多台电脑的定期维护更新，因此更易遭到病毒的猛烈攻击。事件发生后，国内个别安全厂商出于自己的商业目的，连续发表不实言论和所谓技术报告，恶意放大该病毒的影响。谣言内容大致包括：中国此次遭受攻击的主要是教育网用户，原因是教育网节点对 445 端口访问控制不够严格；整个教育行业损失非常严重；大量准毕业生的毕业设计，论文材料被加密，导致无法完成论文答辩。部分媒体也在没有调查证实的情况下，引用或转载上述不实言论，如“高校成为重灾区”“教育网成为重灾区”等。这些失实的言论误导了舆论，引起部分高校师生的恐慌，进而影响了正常的教学和生活秩序。

基于不实言论愈演愈烈的状况，中国教育和科研计算机网网络中心发出严正声明，澄清事实。[①] 第一，教育网并未受到大规模“WannaCry”勒索病毒的感染，也不是重灾区。教育网络高校用户感染病毒的比例很低，仅占国内感染病毒总量的1%。第二，本次“WannaCry”勒索病毒感染的最主要原因是许多用户的Windows系统没有及时升级、修补存在的漏洞，而不是由于主干网没有封堵445端口。按照国际互联网技术规范，互联网TCP（Transmission Control Protocol，传输控制协议）端口应为众多互联网应用提供开放的接口能力，除非紧急情况需要，互联网运营商一般不应、也不会随意封堵主干网TCP端口。即便封堵，一般运营商也不会在主干网封堵，而是由用户（如校园网或企业网）根据自身需要在接入主干网的边缘采取访问控制措施（例如封堵某些TCP端口）。一批连接教育网的高校在2017年4月发现Windows某些版本漏洞后，在封堵445等端口的同时迅速组织力量修补Windows某些版本漏洞，确保不被感染。另一些仅连接运营商主干网的高校由于没有及时修补Windows某些版本漏洞，最终被感染了“WannaCry”勒索病毒。

除了教育网、校园网以外，“WannaCry”勒索病毒的影响范围在逐渐扩大。北京市、上海市等多地的出入境、派出所等网站也疑似遭遇了病毒袭击。这些政府机关内网被攻击的原因与高校大同小异，皆是由于自身未定时更新系统，修补漏洞。

2017年5月13—14日，国家互联网应急中心监测到发起SMB漏洞攻击的主机数量激增。2017年5月13日，英国国家医疗服务体系、美国联邦快递、西班牙电信公司以及俄罗斯内政部的千余台电脑均纷纷“中招”。国家互联网应急中心在官方网站相继发布《关于防范Windows操作系统勒索软件WannaCry的情况通报》和《关于一种蠕虫式勒索病毒的风险提示》，向重要信息系统和广大互联网用户发出预警通报，于当日协调微软向重要用户发布修复“永恒之蓝”危险漏洞的补丁，并向8个感染该勒索病毒的“一带一路”重点保护单位进行通报。

2017年5月14日，国家互联网应急中心监测发现，在全球范围内爆发的“WannaCry”勒索病毒出现了变种“WannaCry”2.0，2.0版本的病毒无疑是1.0版本的进阶版。公众无法通过注册某个域名来关闭“WannaCry”2.0勒索病毒的传播，且该变种病毒传播速度更快。

---

① 中国教研电脑网：教育网未大面积感染勒索病毒[EB/OL].(2017-05-16)[2021-03-10]. http://big5.xinhuanet.com/gate/big5/m.xinhuanet.com/2017-05/16/c_1120979376.htm.

"WannaCry"勒索病毒再一次获得了攻击的主动权。我国一直严密监控SMB危险漏洞的攻击次数，并持续呼吁防范病毒攻击，发布预防病毒攻击方案。2017年5月15日是周一，众多政府部门面临着能否开机的大考验，一旦在没有预防措施的情况下开启电脑，将会造成整个局域网内部的瘫痪，后果无法逆转。因此，在2017年5月15日前尽快发布未中毒电脑的预防勒索病毒办法，呼吁大家上班后不要第一时间进行工作，成了一件最重要的事情。此种情况下，我国迅速启动网络安全应急预案，公安、工信、教育、银行、网信等有关部门，都立即做了部署，对防范工作提出了要求。奇虎360、安天科技、远望科技、腾讯、百度，几乎所有国内互联网公司的安全部门都发布了各自的应急补丁。与此同时，媒体也迅速进行知识普及。2017年5月15日，在政府、企业和媒体的应急协同作战下，"WannaCry"勒索病毒的攻击在我国被有效阻止。从"WannaCry"勒索病毒的发生到抑制，可以看到我国的整个网络安全应急能力有了总体提高。"WannaCry"勒索病毒感染主机数量变化趋势，见图9-1。

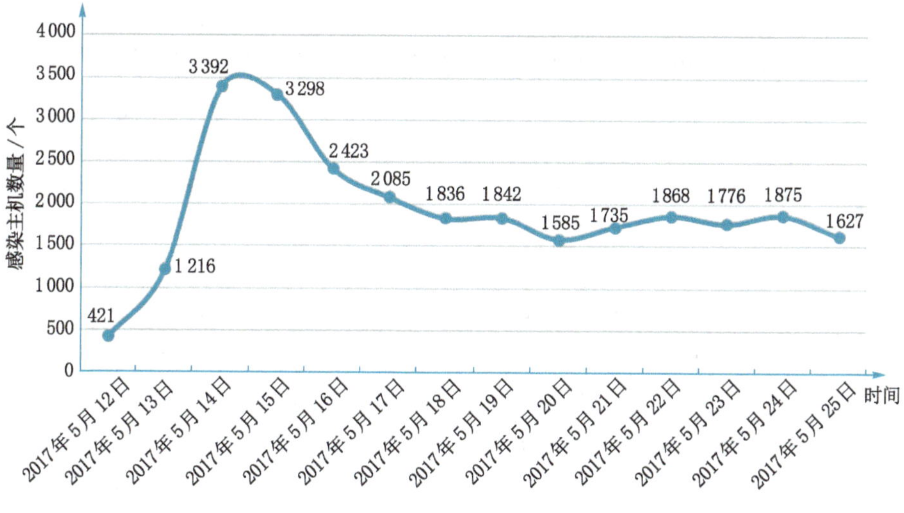

图9-1 "WannaCry"勒索病毒感染主机数量变化趋势①

4. 恢复与总结阶段

此次"WannaCry"勒索病毒的大规模攻击，虽然波及范围广，感染了众多计算

① 国家计算机网络应急技术处理协调中心. 2017年中国互联网网络安全报告[M]. 北京：人民邮电出版社，2018.

机，但被感染的主要还是一些没有升级补丁、不按时更新系统，以及一些信息安全管理较差的计算机。“WannaCry”勒索病毒爆发后，微软及一些安全公司及时推出各种补丁与防护措施，督促未中招的用户及时升级。2017 年 5 月 15 日，在经过大规模的网络安全事件应急处理后，该勒索病毒继续蔓延的趋势逐渐平稳降低下来。

“WannaCry”勒索病毒的侵袭让很多网络用户的文件无法打开，且由于黑客使用了暗网，即便病毒制造者收到了受害者的赎金，也无法判断是哪些受害者支付的，因此受害者即便支付了赎金，也无法获得对应自己电脑的密钥。经过各大官方媒体的报道和呼吁，加之黑客只接受比特币支付，而我国比特币持有者又并不是很多，最终给我国网络用户造成的金钱损失并不大，病毒制造者也没有因此获得太大的非法收益。

经历过此次“WannaCry”勒索病毒的攻击，我国信息安全相关部门越发重视预防网络安全事件。2017 年 6 月 1 日，《中华人民共和国网络安全法》正式实施。同年，6 月 27 日中央网络安全和信息化委员会办公室向社会印发了《国家网络安全事件应急预案》。这些都表明网络安全事件已经从国家层面得到重视。随后，2017 年 11 月 23 日中华人民共和国工业和信息化部(简称工信部)为进一步健全公共互联网网络安全突发事件应急机制，提升应对能力，根据《中华人民共和国网络安全法》《国家网络安全事件应急预案》等，发布了《公共互联网网络安全突发事件应急预案》，并要求各信息安全相关部门、机构企业等结合实际，贯彻落实应急预案。

“WannaCry”勒索病毒侵袭事件给网络用户敲响了信息安全的警钟。在这次事件中，“WannaCry”勒索病毒影响的大多数都是没有及时给系统打补丁，或者系统陈旧这类信息安全防护准备不足的计算机。日常生活中，由于网络用户对自身信息安全的防护意识不够强，比如对系统漏洞置若罔闻、随意点进了一些不知名的网页、点开了携带病毒的邮件等，这些均可能导致计算机受到勒索病毒的威胁。因此，网络用户应吸取此次“WannaCry”勒索病毒侵袭事件的经验教训，日常注意对自身系统的维护，提高自身信息安全意识。

三、案例教学参考

(一) 教学目标

(1) 帮助学生了解城市信息安全事件的概念、特点、我国城市信息安全事件的主要分类及现状，获得信息安全方面的相关知识。

(2) 引导学生思考公众及政府应如何应对城市信息安全事件。小组内互相讨论,树立团队协作意识。

(3) 通过对案例及信息安全事件相关知识的学习,让学生认识到当代信息安全的重要性,建立青年责任感与道德感。

(二) 课前准备

1. 教师

(1) 提前要求学生搜集有关“WannaCry”勒索病毒侵袭事件的相关新闻报道、论文等资料,要求学生结合理论,对案例进行充分预习。

(2) 事先进行案例教学环节设计,确保课堂时间的充分利用。课堂教学时间、思考时间、沟通答疑时间等合理安排,有序进行,尽量充分利用课堂时间传授知识。

(3) 合理设计思考题目,结合信息安全相关知识,引导学生延伸思考,从单一的案例扩散开去,从个性中找到共性,引导学生进行分组讨论,鼓励学生积极发言。

(4) 教学手段多样化,将案例作为故事来讲述,与学生进行交流,共同寻找事件发生节点,探究原因,指导学生搜集资料,对案例进行更加深入的调查,要求学生撰写调查报告。

(5) 传统教学手段与多媒体技术有机结合,播放与案例相关的各种新闻报道、相关负责人采访等,加深学生对案例的了解程度。要求学生分组进行角色扮演,重现案例部分情节。

2. 学生

(1) 提前自行阅读案例,找出事件发展关键节点,画出思维导图,并追踪案例在现实中的最新发展,例如,目前我国信息安全现状。

(2) 提前搜集准备案例相关的信息安全管理知识,例如,信息安全事件、勒索病毒、谣言应对等。

(3) 提前思考案例中存在的一些问题,尝试寻找答案(包括理论上的答案和现实解决方案),并在课堂中提出。

(三) 案例导入

以“木马”病毒为例引入,询问学生自己的电脑是否中过木马病毒,以及是否了解一些经常说的病毒,如“熊猫烧香”等,请学生畅所欲言。使用多媒体设备播放1～2个信息安全事件相关视频,询问学生如何避免此类事件的发生,以及如何应对此类事件的发生。由此，引出“WannaCry”勒索病毒侵袭事件，请学生带着问题去学习案例。

（四）要点分析

1. 信息安全事件的分级

对信息安全事件进行必要的分级，是做好信息安全事件应急响应工作的前提。只有知道了所发生的信息安全事件的级别，才能更好地拿出应对策略对突发信息安全事件进行处置。2017 年出台的《公共互联网网络安全突发事件应急预案》将信息安全事件划分为 4 个级别：特别重大事件、重大事件、较大事件和一般事件。

(1) 特别重大事件

特别重大事件是指能够导致特别严重影响或破坏的信息安全事件。符合下列情形之一的，为特别重大网络安全事件：① 全国范围大量互联网用户无法正常上网；② “.CN”国家顶级域名系统解析效率大幅下降；③ 1 亿以上互联网用户信息泄露；④ 网络病毒在全国范围大面积爆发；⑤ 其他造成或可能造成特别重大危害或影响的网络安全事件。

(2) 重大事件

重大事件是指能够导致严重影响或破坏的信息安全事件。符合下列情形之一的，为重大网络安全事件：① 多个省大量互联网用户无法正常上网；② 在全国范围有影响力的网站或平台访问出现严重异常；③ 大型域名解析系统访问出现严重异常；④ 1 000 万以上互联网用户信息泄露；⑤ 网络病毒在多个省市范围内大面积爆发；⑥ 其他造成或可能造成重大危害或影响的网络安全事件。

(3) 较大事件

较大事件是指能够导致较严重影响或破坏的信息安全事件。符合下列情形之一的，为较大网络安全事件：① 1 个省内大量互联网用户无法正常上网；② 在省内有影响力的网站或平台访问出现严重异常；③ 100 万以上互联网用户信息泄露；④ 网络病毒在 1 个省范围内大面积爆发；⑤ 其他造成或可能造成较大危害或影响的网络安全事件。

(4) 一般事件

一般事件是指不满足以上条件的信息安全事件。符合下列情形之一的，为一般网络安全事件：① 1 个地市大量互联网用户无法正常上网；② 10 万以上互联网用户信息泄露；③ 其他造成或可能造成一般危害或影响的网络安全事件。

2. 突发信息安全事件应急响应组织体系

为了更好地进行网络安全事件应急响应，早在 1999 年 5 月，中国教育科研网就以清华大学为中心，组建了中国教育科研网的应急组织。2002 年 9 月，我国正式成立国家级计算机安全事件应急组织，即国家计算机网络应急技术处理协调中心，简称国家互联网应急中心。国家互联网应急中心作为计算机网络应急处理体系中的牵头单位和国家级应急中心，开展互联网网络安全事件的预防、发现、预警和协调处置等工作。

2003 年，国家互联网应急中心在我国 31 个省成立分中心，形成了互联网的信息共享、技术协调，同时完成了我国互联网安全技术支撑体系跨网、跨系统、跨地域的建设阶段①。国家互联网应急中心的相关部门包括政府部门、互联网运营单位、国家互联网应急中心各省分中心、网络安全工作委员会、国家级应急服务支撑单位、省级应急服务支撑单位、国内合作伙伴、国外合作伙伴等。除此之外，工信部发文要求各大骨干网成立计算机应急组织，并接受工信部互联网应急处理小组协调办公室的指导。随着现代社会信息化的快速发展推进，很多重要行业和大型互联网企业也都成立了自己的网络安全应急响应组织，处置网络风险，保障业务正常运转。

国家（公共互联网）网络安全应急响应体系是由中央/国家网络安全主管部门、国家计算机网络应急技术处理协调中心等组织构成，其具体构成见图 9-2。

（五）课堂组织

案例共需 4 课时进行学习探讨。根据案例所涉及的内容，对内容分课时进行安排。案例所涉及的信息安全事件相关概念、主要内容、分类等基础内容需 1 课时。教师引入案例，引导学生进行讨论，对案例进行整体分析，与学生一起找出关键事件节点，针对提出的案例及案例相关问题进行讨论及回答等内容需 1 课时。学生搜集信息安全相关事件，撰写调查报告后进行汇报，由其他学生和教师对案例汇报内容提出疑问，学生解答后由教师补充重要的遗漏知识点、纠正学生的认识误区等内容需 2 课时。

（六）延伸思考

（1）应如何看待我国的信息安全现状？为什么当前信息安全问题频频爆发？谈谈如何从根本上解决这一问题？

---

① 中国网络空间研究院，中国网络空间安全协会. 网络安全应急响应培训教程[M]. 北京：人民邮电出版社，2016.

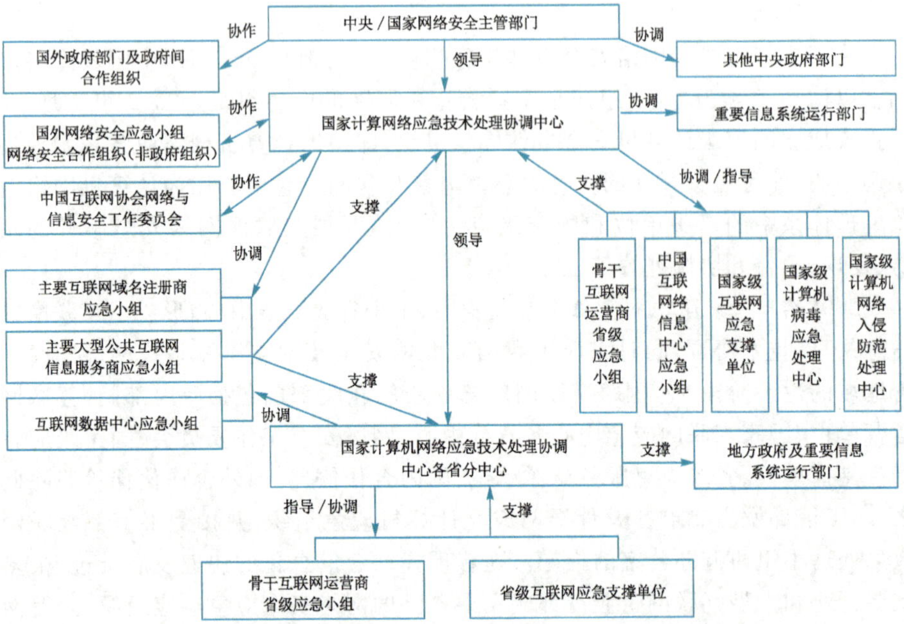

图 9-2　国家（公共互联网）网络安全应急响应组织体系①

（2）在处理城市信息安全事件的过程中，政府具有哪些职责？

（3）结合案例中的谣言风波，谈谈政府部门如何有效地应对网络谣言？谣言应对为何重要？

① 中国网络空间研究院，中国网络空间安全协会．网络安全应急响应培训教程[M]．北京：人民邮电出版社，2016.

参考文献

[1] 北京减灾协会. 北京减灾年鉴:2011—2014[M]. 天津:天津大学出版社,2016.

[2] 柴光军. 突发公共卫生事件的特点、防控对策和措施[J]. 解放军预防医学杂志,2013,31(5):385-387.

[3] 陈晋胜,王鹏越. 群体性事件政治成因分析[J]. 山西大学学报(哲学社会科学版),2003,26(2):101-105.

[4] 董华,张吉光. 城市公共安全:应急与管理[M]. 北京:化学工业出版社,2006.

[5] 宫承波,范松楠,黄晓云,等. 重大社会安全事件的网络传播[M]. 北京:中国广播电视出版社,2012.

[6] 国家行政学院应急管理案例研究中心. 应急管理典型案例研究报告:2015[M]. 北京:社会科学文献出版社,2015.

[7] 韩传峰,陈建国,刘福兴. 城市防灾基础设施开发与管理保障机制研究[J]. 自然灾害学报,2004,13(4):33-36.

[8] 黄国伟,姜凡晓. 突发公共卫生事件应对与处置[M]. 北京:北京大学医学出版社,2016.

[9] 靳爱仙,田呈明,赵鹏. 中国城市森林生物灾害的发生现状及控制展望[J]. 林业科学研究,2006,19(5):653-659.

[10] 李超超,程晓陶,申若竹,等. 城市化背景下洪涝灾害新特点及其形成机理

[J]. 灾害学,2019,34(2):57-62.
[11] 李彤. 论城市公共安全的风险管理[J]. 中国安全科学学报,2008,18(3):65-72.
[12] 李彦平. 直播带货传播中信任关系的建立和影响[J]. 青年记者,2021(8):44-45.
[13] 林琳. 正确认识食品安全问题[J]. 上海计量测试,2007,34(6):31-33.
[14] 陆庆轩. 城市森林火灾隐患及其管理[J]. 中国城市林业,2009,7(5):58-59,66.
[15] 马洪涛,王军,张晓昕,等. 北京市雨水系统规划设计重现期研究[J]. 给水排水,2013,39(5):50-55.
[16] 裴岩,王树民. 风险社会背景下美国重要基础设施安全管理的思路及启示[J]. 理论导刊,2010(4):101-103.
[17] 齐庆华,蔡榕硕,颜秀花. 气候变化与我国海洋灾害风险治理探讨[J]. 海洋通报,2019,38(4):361-367.
[18] 沈惠章. 群体性事件的社会学思考[J]. 政法学刊,2006,23(4):5-9.
[19] 生态环境部. 2020 年中国生态环境状况公报(摘录)[J]. 环境保护,2021,49(11):47-68.
[20] 孙菲. 公共危机治理中的网络舆情引导困境与解决理路[J]. 福建论坛(人文社会科学版),2020,12(12):184-192.
[21] 童素娟,曾美娴. 突发公共事件网络舆情治理的影响因素及对策:基于2019 年 68 个突发公共事件的统计分析[J]. 浙江树人大学学报(人文社会科学),2021,21(4):44-53,70.
[22] 王来华. 舆情研究概论:理论、方法和现实热点[M]. 天津:天津社会科学院出版社,2003.
[23] 王义保. 公共安全管理[M]. 徐州:中国矿业大学出版社,2019.
[24] 王义保,许超,曹明. 中国城市公共安全感调查报告:2019[M]. 北京:社会科学文献出版社,2020.
[25] 吴建安. 我国城市自然灾害与应急管理体系研究[J]. 价值工程,2012,31(17):307-308.
[26] 严励. 论群体性突发事件的特点及预防处置机制[J]. 政法学刊,2000,17(1):39-42.
[27] 俞国明,李彪. 中国社会舆情年度报告:2016—2017[M]. 北京:人民日报出

版社，2017.
[28] 张永波，陆化普，刘强．我国道路交通安全形势与对策[J]．长沙交通学院学报，2006，22(3)58-62.
[29] 钟振明．政府危机整合公关：概念、原则及模式[D]．北京：北京师范大学，2009.
[30] 周小鹏．政府在突发公共事件中的信息公开问题研究[D]．天津：天津大学，2007.